ACCESO GRATIS *a la Lectura en la Nube*

AF237846

Para visualizar el libro electrónico en la nube de lectura envíe junto a su nombre y apellidos una fotografía del código de barras situado en la contraportada del libro y otra del ticket de compra a la dirección:

ebooktirant@tirant.com

En un máximo de 72 horas laborales le enviaremos el código de acceso con sus instrucciones.

© TIRANT LO BLANCH
EDITA: TIRANT LO BLANCH
C/ Artes Gráficas, 14 - 46010 - VALENCIA
TELFS.: 96/361 00 48 - 50
Fax: 96/369 41 51
Email: tlb@tirant.com
www.tirant.com
Librería Virtual: www.tirant.es
DEPOSITO LEGAL: V-206-2025
ISBN: 978-84-1095-715-2
MAQUETA E IMPRIME: Tink Factoría de Color , S.L.

Si tiene alguna queja o sugerencia, envíenos un mail a: atencioncliente@tirant.com.
En caso de no ser atendida su sugerencia, por favor, lea nuestro procedimiento de quejas en:
www.tirant.net/index.php/empresa/politicas-de-empresa

Responsabilidad Social Corporativa
http://www.tirant.net/Docs/RSCTirant.pdf

DIDÁCTICA GENERAL

GRADO EN MAESTRO/A EN EDUCACIÓN INFANTIL

GRADO EN MAESTRO/A EN EDUCACIÓN PRIMARIA

UNIVERSITAT DE VALÈNCIA

2ª Edición

Laura Monsalve Lorente
Profesora Titular
Departamento de Didáctica y Organización Escolar

ESTUDIANTE:

PROFESORA:

GRUPO:　　　　　　　　　**CURSO ACADÉMICO:**

NOTAS

NOTAS

NOTAS

NOTAS

NOTAS

12

9 SEPTIEMBRE

Lun	Mar	Mié	Jue	Vie	Sáb	Dom
						1
2	3	4	5	6	7	8
9	10	11	12	13	14	15
16	17	18	19	20	21	22
23	24	25	26	27	28	29
30						

10 OCTUBRE

Lun	Mar	Mié	Jue	Vie	Sáb	Dom
	1	2	3	4	5	6
7	8	9	10	11	12	13
14	15	16	17	18	19	20
21	22	23	24	25	26	27
28	29	30	31			

11 NOVIEMBRE

Lun	Mar	Mié	Jue	Vie	Sáb	Dom
				1	2	3
4	5	6	7	8	9	10
11	12	13	14	15	16	17
18	19	20	21	22	23	24
25	26	27	28	29	30	

12 DICIEMBRE

Lun	Mar	Mié	Jue	Vie	Sáb	Dom
						1
2	3	4	5	6	7	8
9	10	11	12	13	14	15
16	17	18	19	20	21	22
23	24	25	26	27	28	29
30	31					

1 ENERO 2025

Lun	Mar	Mié	Jue	Vie	Sáb	Dom
		1	2	3	4	5
6	7	8	9	10	11	12
13	14	15	16	17	18	19
20	21	22	23	24	25	26
27	28	29	30	31		

2 FEBRERO 2025

Lun	Mar	Mié	Jue	Vie	Sáb	Dom
					1	2
3	4	5	6	7	8	9
10	11	12	13	14	15	16
17	18	19	20	21	22	23
24	25	26	27	28		

3 MARZO 2025

Lun	Mar	Mié	Jue	Vie	Sáb	Dom
					1	2
3	4	5	6	7	8	9
10	11	12	13	14	15	16
17	18	19	20	21	22	23
24	25	26	27	28	29	30
31						

4 ABRIL 2025

Lun	Mar	Mié	Jue	Vie	Sáb	Dom
	1	2	3	4	5	6
7	8	9	10	11	12	13
14	15	16	17	18	19	20
21	22	23	24	25	26	27
28	29	30				

5 MAYO 2025

Lun	Mar	Mié	Jue	Vie	Sáb	Dom
			1	2	3	4
5	6	7	8	9	10	11
12	13	14	15	16	17	18
19	20	21	22	23	24	25
26	27	28	29	30	31	

N Día actual

N Días festivos

N Días no lectivos

N Inicio de semestre

N Exámenes 2ª convocatoria

N Exámenes 1ª convocatoria

FEBRERO

4: primer día de clase

6:

11:

13:

18:

20:

25:

27:

MARZO

4:

6:

11:

13:

20:

25:

27:

ABRIL

1:

3:

8:

10:

15:

17:

29:

MAYO

6:

8:

13:

15: último día de clase

Índice

"La primera tarea de la educación es agitar la vida, pero
dejarla libre para que se desarrolle"

Maria Montessori

INTRODUCCIÓN

La didáctica es una rama de la pedagogía centrada en los métodos y prácticas de enseñanza. Se enfoca en cómo enseñar de manera efectiva, explorando técnicas y estrategias para optimizar el aprendizaje de los estudiantes. Comenio la definió como "el arte de enseñar todo a todos".

La didáctica responde a preguntas fundamentales como qué enseñar, cómo enseñar, cuándo enseñar y a quién enseñar. Se centra en la selección de contenidos, la metodología, el momento oportuno y la adaptación a los perfiles de los estudiantes. Es una disciplina fundamental dentro de la pedagogía, con enfoque en los métodos y técnicas de enseñanza.

El término "didáctica" proviene del griego "didaktikós", que significa "apto para enseñar". Según Camilloni et al., la didáctica es el conjunto de técnicas, normas y procedimientos para dirigir el aprendizaje hacia objetivos educativos determinados. Juan Amos Comenio y Hans Aebli son figuras destacadas en la definición y desarrollo de la didáctica.

Las buenas prácticas docentes se basan en la investigación educativa y la experiencia profesional. Incluyen aspectos como la planificación efectiva, la gestión del aula, la evaluación formativa y el uso de metodologías activas. Estas prácticas buscan optimizar el proceso de enseñanza y aprendizaje.

Los contenidos del currículo son los temas y conceptos que se enseñan a los estudiantes. Su selección y organización son cruciales para asegurar la coherencia y el cumplimiento de los objetivos educativos. Jerome Bruner y Michael Apple son referentes en la teoría de los contenidos del currículo.

Los métodos de enseñanza son las estrategias y técnicas utilizadas por los docentes para facilitar el aprendizaje. Deben adaptarse a los objetivos del currículo, las necesidades de los estudiantes y el contexto educativo. Lev Vygotsky es un autor relevante en la importancia de los métodos de enseñanza.

La educación inclusiva busca garantizar que todos los estudiantes tengan acceso a una educación de calidad, adaptando métodos y recursos para satisfacer sus necesidades diversas. En el siglo XXI, la globalización, la revolución digital, el cambio climático y la desigualdad social son retos importantes que la educación debe abordar. La escuela y la educación obligatoria desempeñan un papel crucial en preparar a las nuevas generaciones para enfrentar estos desafíos.

La globalización ha generado sociedades más diversas y multiculturales, lo que requiere una educación multicultural para preparar a los estudiantes a vivir en un mundo pluralista.

La revolución digital y la sociedad del conocimiento demandan habilidades como el pensamiento crítico y la alfabetización digital para adaptarse a un entorno en constante cambio. El cambio climático es uno de los mayores desafíos actuales, y la educación para la sostenibilidad es fundamental para abordar los problemas ambientales.

A pesar del progreso económico, la desigualdad social y la pobreza persisten como problemas graves en muchas sociedades. La educación es una herramienta poderosa para romper el ciclo de la pobreza y promover la equidad social. El bienestar emocional y la salud mental de los estudiantes son fundamentales para su desarrollo integral, y las escuelas tienen un papel crucial en promover la salud mental y el bienestar de los estudiantes.

La escuela no solo es un lugar de aprendizaje académico, sino también un espacio donde se desarrollan valores, habilidades sociales y actitudes fundamentales para la vida en sociedad. La formación de ciudadanos democráticos es esencial para promover los valores de la democracia, los derechos humanos y la justicia social. La educación debe capacitar a los estudiantes para deliberar sobre cuestiones públicas, respetando la diversidad y promoviendo la igualdad.

El currículo es esencial en la educación, determinando qué, cómo y cuándo se enseña. Existen varios enfoques teóricos que reflejan diferentes perspectivas y objetivos. Desde el enfoque académico-tradicional hasta el socio-crítico, cada teoría ofrece ideas y prácticas diversas para el desarrollo curricular. Comprender estos enfoques es crucial para crear programas educativos relevantes y efectivos.

El enfoque académico-tradicional se centra en la transmisión de conocimientos y habilidades fundamentales a los estudiantes. Este enfoque destaca la adquisición de conocimientos básicos y habilidades académicas, con un currículo estructurado en disciplinas tradicionales como matemáticas, ciencias, literatura y historia. La enseñanza se centra en el profesor, con énfasis en la instrucción directa y la memorización.

El enfoque técnico-racional ve el currículo como un plan detallado para alcanzar objetivos educativos específicos. Se basa en la eficiencia y la efectividad, utilizando métodos científicos para desarrollar y evaluar el currículo. Este enfoque se centra en la definición clara de objetivos educativos medibles, el desarrollo basado en investigaciones y teorías educativas, y la evaluación continua del progreso del estudiante.

El enfoque socio-crítico analiza cómo la educación puede perpetuar o desafiar las desigualdades sociales. Se centra en el poder, la justicia social y la emancipación a través de la educación. Este enfoque promueve el análisis crítico de las estructuras de poder y desigualdad en la educación, así como la promoción de la justicia social y la equidad.

En resumen, los enfoques teóricos sobre el currículo abarcan desde el académico-tradicional hasta el socio-crítico, cada uno con sus propias características y fundamentos teóricos. Es fundamental para educadores y diseñadores curriculares comprender estos enfoques para desarrollar programas educativos relevantes, inclusivos y efectivos en la preparación de los estudiantes para los desafíos actuales.

El **currículo explícito** es la parte formal y planificada de la enseñanza, pero puede ser criticado por su rigidez y falta de adaptación a la diversidad de los estudiantes. Por otro lado, el **currículo oculto** se refiere a los aprendizajes no intencionados que suceden en el entorno educativo, como la transmisión de valores a través de la interacción social en la escuela. Finalmente, el **currículo nulo** abarca los temas importantes que no están incluidos en el plan de estudios formal, lo que puede llevar a una educación incompleta y reflejar sesgos y prioridades no alineadas con las necesidades de los estudiantes.

Es crucial que los educadores comprendan y aborden las dimensiones explícita, oculta y nula del currículo para desarrollar prácticas educativas más inclusivas y efectivas. Para ello, se pueden implementar estrategias como la revisión crítica del currículo, la inclusión de temas diversos en el plan de estudios explícito y promover un diálogo abierto sobre el currículo oculto y nulo con estudiantes, padres y colegas. Estas acciones ayudarán a identificar y abordar los problemas presentes en el currículo formal y a mejorar la experiencia educativa de los estudiantes.

En el ámbito educativo, los niveles de concreción curricular son fundamentales para adaptar el currículo general a las necesidades específicas de los contextos educativos y los estudiantes. Estos niveles garantizan la implementación efectiva y relevante del currículo nacional o regional en las aulas.

Los niveles de concreción curricular son etapas clave en la adaptación del currículo a las necesidades específicas de los estudiantes y los entornos educativos, asegurando la pertinencia y efectividad del proceso educativo en diferentes contextos.

La planificación del currículo es un proceso fundamental en la educación que implica la organización sistemática de los contenidos, objetivos, métodos de enseñanza y evaluaciones para facilitar el aprendizaje de los estudiantes. La planificación asegura que el currículo sea coherente, relevante y adaptado a las necesidades de los estudiantes y a los objetivos educativos establecidos. Se exploran los objetivos, competencias, contenidos, métodos de enseñanza, tareas, recursos y evaluación en profundidad para garantizar un currículo efectivo. Ralph Tyler (1949) destaca la importancia de objetivos claros en el currículo para evaluar el progreso de los estudiantes. Hilda Taba (1962) enfatiza la necesidad de objetivos educativos concretos derivados de las necesidades y características de los estudiantes.

La planificación del currículo es un proceso esencial que guía la enseñanza y el aprendizaje, asegurando la efectividad y relevancia del currículo para satisfacer las necesidades educativas de los estudiantes y alcanzar los objetivos establecidos.

La planificación del currículo es un proceso fundamental en la educación que implica la organización sistemática de los contenidos, objetivos, métodos de enseñanza y evaluaciones para facilitar el aprendizaje de los estudiantes. Asegura que el currículo sea coherente, relevante y adaptado a las necesidades de los estudiantes y a los objetivos educativos establecidos.

La planificación del currículo implica considerar cuidadosamente varios aspectos, como los objetivos, competencias, contenidos, métodos de enseñanza, tareas, recursos y evaluación. Cada uno de estos elementos desempeña un papel crucial en la creación de un currículo efectivo y relevante que facilite el aprendizaje de los estudiantes y cumpla con los objetivos educativos.

Es esencial que la planificación curricular sea flexible y adaptativa, teniendo en cuenta las necesidades y características de los estudiantes, así como las demandas cambiantes del entorno educativo. La evaluación continua y el feedback de los estudiantes y docentes son fundamentales para revisar y ajustar el currículo en todos los niveles, garantizando su relevancia y efectividad en diferentes contextos educativos.

En el ámbito educativo, las propuestas y experiencias educativas buscan enriquecer el proceso de enseñanza-aprendizaje mediante innovaciones metodológicas y prácticas dinámicas. El Aprendizaje Basado en Proyectos (ABP) es una metodología que destaca por permitir a los estudiantes trabajar en proyectos complejos y prolongados, fomentando un aprendizaje profundo y significativo al aplicar conocimientos en contextos reales o simulados.

Estas propuestas educativas se centran en hacer del currículo una herramienta adaptativa y dinámica, promoviendo un aprendizaje efectivo y relevante. La flexibilidad y la integración de metodologías activas, como el ABP, son clave para facilitar un aprendizaje significativo y preparar a los estudiantes para el mundo actual en constante cambio.

La implementación de propuestas educativas innovadoras, respaldadas por autores clave en educación, busca mejorar la calidad del proceso educativo y promover un aprendizaje más efectivo. La adaptación de las prácticas pedagógicas a las necesidades y realidades del siglo XXI es fundamental para garantizar un aprendizaje por competencias y una educación interdisciplinaria.

La gestión del aula se presenta como un componente clave en los procesos de enseñanza, ya que un ambiente de aprendizaje positivo y ordenado es fundamental para el éxito académico de los estudiantes. Autores como Wang, Haertel y Walberg (1993) resaltan la importancia de establecer normas claras, gestionar el tiempo y mantener una relación positiva con los estudiantes para promover un clima propicio para el aprendizaje.

La planificación efectiva se considera esencial para asegurar que el proceso educativo se desarrolle de manera ordenada y coherente. Marzano (2003) identifica que una planificación adecuada incluye la definición clara de objetivos, la selección de contenidos pertinentes y la adaptación de métodos didácticos a las características del alumnado. Una planificación adecuada permite prever posibles dificultades y diseñar estrategias para abordarlas.

La evaluación formativa se destaca como una herramienta crucial para el desarrollo del alumnado, ya que proporciona retroalimentación continua a los estudiantes, permitiéndoles comprender sus fortalezas y áreas de mejora. Autores como Black y Wiliam (1998) argumentan que esta retroalimentación es fundamental para ajustar las estrategias de enseñanza y mejorar el aprendizaje de los estudiantes.

El enfoque educativo basado en la experiencia y la vida cotidiana destaca la importancia de aprender a través de experiencias significativas. Autores como John Dewey y Kolb subrayan que el conocimiento adquirido de manera práctica es más relevante y duradero. Metodologías como el Aprendizaje Basado en Proyectos conectan el contenido curricular con situaciones reales, promoviendo un aprendizaje profundo y significativo para los estudiantes. Este enfoque busca integrar experiencias prácticas en el currículo para facilitar una comprensión más profunda y significativa de los contenidos, lo que contribuye a un aprendizaje más efectivo y duradero.

La organización del aula es esencial para el aprendizaje, según Montessori y Méndez, un entorno bien diseñado fomenta la independencia y el aprendizaje activo. La disposición del espacio y el mobiliario deben adaptarse a las necesidades de los estudiantes para maximizar su participación y compromiso, como destaca Barrett et al. La iluminación y la disposición del aula afectan el rendimiento académico, según la investigación de Barrett et al.

En cuanto a la estructura del aula, la gestión eficaz del aula promueve un ambiente de aprendizaje positivo y ordenado, es clave para el éxito académico. Establecer normas claras, gestionar el tiempo y mantener una relación positiva con los estudiantes influye significativamente en el clima del aula y en el aprendizaje, según Wang, Haertel y Walberg. La evaluación formativa proporciona retroalimentación continua a los estudiantes, permitiéndoles comprender sus fortalezas y áreas de mejora, como argumentan Black y Wiliam.

El trabajo colaborativo promueve la interacción social y el aprendizaje activo, según Vygotsky y Pérez. El aprendizaje cooperativo mejora el rendimiento académico y el clima del aula, como destacan Johnson, Johnson y Holubec. La atención a la diversidad implica adaptar la enseñanza para satisfacer las necesidades de todos los estudiantes, según Ainscow y López. Implementar prácticas pedagógicas inclusivas es fundamental para garantizar un acceso equitativo a una educación de calidad, según Martínez.

La organización del aula es esencial para el aprendizaje, según Montessori y Méndez, un entorno bien diseñado fomenta la independencia y el aprendizaje activo. La disposición del espacio y el mobiliario deben adaptarse a las necesidades de los estudiantes para maximizar su participación y compromiso, como destaca Barrett et al. La iluminación y la disposición del aula afectan el rendimiento académico, según la investigación de Barrett et al.

En cuanto a la estructura del aula, la gestión eficaz del aula promueve un ambiente de aprendizaje positivo y ordenado, es clave para el éxito académico. Establecer normas claras, gestionar el tiempo y mantener una relación positiva con los estudiantes influye significativamente en el clima del aula y en el aprendizaje, según Wang, Haertel y Walberg. La evaluación formativa proporciona retroalimentación continua a los estudiantes, permitiéndoles comprender sus fortalezas y áreas de mejora, como argumentan Black y Wiliam.

El trabajo colaborativo promueve la interacción social y el aprendizaje activo, según Vygotsky y Pérez. El aprendizaje cooperativo mejora el rendimiento académico y el clima del aula, como destacan Johnson, Johnson y Holubec. La atención a la diversidad implica adaptar la enseñanza para satisfacer las necesidades de todos los estudiantes, según Ainscow y López. Implementar prácticas pedagógicas inclusivas es fundamental para garantizar un acceso equitativo a una educación de calidad, según Martínez.

En el oficio de maestra y maestro, las buenas prácticas docentes se basan en la investigación educativa y la experiencia profesional para optimizar el proceso de enseñanza y aprendizaje. Esto incluye la planificación efectiva, la gestión del aula, la evaluación formativa y el uso de metodologías activas como el aprendizaje basado en proyectos. Es fundamental actualizar los currículos y prácticas pedagógicas para reflejar las necesidades del siglo XXI, promoviendo la flexibilidad, la integración y el enfoque centrado en el estudiante.

La formación y desarrollo profesional del profesorado son clave en la implementación de cambios educativos, centrándose en competencias como el uso de las TIC, la educación inclusiva y la gestión de la diversidad. La colaboración entre la escuela, las familias y la comunidad es crucial para el éxito educativo, fomentando la participación activa de los padres y creando alianzas enriquecedoras. La integración de tecnologías educativas es vital para preparar a los estudiantes para un mundo digital.

La autonomía profesional y la coordinación con la comunidad educativa son esenciales para adaptar los enfoques pedagógicos a las necesidades específicas de los estudiantes. La evaluación formativa, tanto del alumnado como del currículo y las actuaciones docentes, proporciona información continua para mejorar el aprendizaje. La innovación curricular, como el aprendizaje basado en proyectos, busca mejorar el proceso educativo y hacerlo más dinámico y adaptativo. La motivación intrínseca y el deseo de aprender y enseñar son motores fundamentales en el proceso educativo. Reconocer al alumnado como sujeto educativo implica entender sus necesidades emocionales y cognitivas para brindar un apoyo adecuado.

Tema1. El conocimiento, la educación y la escuela

1.1 Fundamentos de la didáctica

1.1.1 Definición de didáctica

La didáctica es una rama de la pedagogía centrada en los métodos y prácticas de enseñanza. Es una disciplina que se enfoca en cómo se debe enseñar de manera efectiva, explorando técnicas, estrategias y métodos que optimicen el aprendizaje de los estudiantes. Según Comenio, considerado el padre de la didáctica moderna, la didáctica debe ser la "arte de enseñar todo a todos" (Comenio, 1657).

La didáctica se ocupa de responder a preguntas fundamentales como: ¿qué enseñar?, ¿cómo enseñar?, ¿cuándo enseñar? y ¿a quién enseñar? Estas preguntas abarcan la selección de contenidos, la metodología, el momento oportuno y la adaptación a los distintos perfiles de los estudiantes.

La didáctica es una disciplina fundamental dentro del campo de la pedagogía, centrada en los métodos y técnicas de enseñanza que facilitan el aprendizaje efectivo. Se puede definir de diversas maneras, dependiendo de las perspectivas teóricas y contextuales que se consideren. A continuación, se presenta una definición detallada de la didáctica, respaldada por citas y referencias de autores destacados, tanto españoles como extranjeros.

Origen y Etimología

El término "didáctica" proviene del griego "didaktikós", que significa "apto para enseñar". Según Camilloni et al. (2007), la didáctica es "el conjunto de técnicas, normas y procedimientos que tienen como finalidad dirigir el aprendizaje de los alumnos hacia objetivos educativos determinados". Esta definición subraya la naturaleza normativa y procedimental de la didáctica, orientada a alcanzar metas específicas en el proceso educativo.

Definición Clásica y Moderna

1. **Juan Amos Comenio**

Juan Amos Comenio, conocido como el padre de la didáctica moderna, definió esta disciplina en su obra "Didactica Magna" (1657) como "el arte de enseñar todo a todos". Comenio propuso una enseñanza universal y sistemática, argumentando que la educación debía ser accesible a todas las personas independientemente de su origen o estatus social. Esta perspectiva pionera sentó las bases para el desarrollo de la didáctica como una ciencia autónoma y especializada dentro de la pedagogía.

2. **Hans Aebli**

Hans Aebli, un psicólogo y pedagogo suizo, destacó la importancia de los procesos mentales en la enseñanza. Según Aebli (1983), "la didáctica es la teoría de la enseñanza que se ocupa de la organización de las situaciones de aprendizaje para que los alumnos puedan adquirir competencias y conocimientos". Esta definición resalta el papel de la didáctica en la estructuración de experiencias de aprendizaje que faciliten el desarrollo cognitivo y competencial de los estudiantes.

3. César Coll

En el contexto español, César Coll, un destacado psicólogo y pedagogo, define la didáctica como "la ciencia que estudia los procesos de enseñanza y aprendizaje en sus aspectos comunes y específicos, con el fin de proporcionar modelos y principios que orienten la acción educativa" (Coll, 1991). Esta definición enfatiza el carácter científico de la didáctica y su objetivo de generar conocimientos aplicables a la práctica educativa.

1.1.2 Historia de la didáctica

La historia de la didáctica es un reflejo de la evolución de las ideas y prácticas educativas a lo largo del tiempo. Desde las primeras reflexiones filosóficas de los griegos antiguos hasta las teorías contemporáneas del constructivismo y la educación inclusiva, la didáctica ha evolucionado para adaptarse a los cambios sociales y culturales, y para responder a las necesidades emergentes de los estudiantes. Este recorrido histórico muestra la importancia de la reflexión y la investigación continua en el campo de la educación, y la necesidad de adaptar las prácticas didácticas para promover un aprendizaje efectivo y equitativo.

La didáctica, entendida como la ciencia y el arte de la enseñanza, ha experimentado una evolución significativa a lo largo de la historia. Este recorrido incluye múltiples etapas y enfoques que han influido en la manera en que se concibe y se practica la enseñanza. A continuación, se presenta un análisis detallado de la historia de la didáctica, desde sus orígenes hasta las tendencias contemporáneas, respaldado por citas y referencias de autores destacados.

Orígenes de la Didáctica

La didáctica, aunque no con ese nombre, puede rastrearse hasta la Antigüedad. Los filósofos griegos como Sócrates, Platón y Aristóteles ya se ocupaban de cuestiones educativas que son fundamentales para la didáctica.

1. Antigüedad

En la Grecia antigua, la educación era esencial para formar ciudadanos completos. Sócrates promovía el uso del diálogo para enseñar, conocido como el método socrático, el cual fomentaba el pensamiento crítico a través de preguntas y respuestas (Plató, 380 a.C.). Platón y Aristóteles también contribuyeron significativamente a la teoría educativa. Aristóteles, en particular, insistía en la importancia de la educación para el desarrollo moral y la formación de ciudadanos virtuosos (Aristóteles, 350 a.C.).

Sócrates (470-399 a.C.)

Sócrates, a través de su método mayéutico, promovía el aprendizaje mediante preguntas y respuestas, estimulando el pensamiento crítico y el autoconocimiento. Aunque no desarrolló una teoría didáctica formal, su enfoque influenció profundamente las prácticas educativas.

Platón (427-347 a.C.)

Platón, en su obra "La República", proponía un sistema educativo estructurado que incluía la formación moral y filosófica de los ciudadanos. Su visión de la educación como un medio para alcanzar la justicia social y el bien común resuena en las teorías didácticas actuales (Platón, 380 a.C.).

Aristóteles (384-322 a.C.)

Aristóteles, alumno de Platón, también contribuyó significativamente a la educación. En su obra "Ética a Nicómaco", destacó la importancia de la virtud y la educación ética. Aristóteles veía la educación como un proceso teleológico, dirigido hacia el desarrollo del potencial humano.

2. Edad Media y Renacimiento

Durante la Edad Media, la educación estaba fuertemente influenciada por la Iglesia. Las escuelas monásticas y catedralicias eran los principales centros educativos. La didáctica en este periodo se centraba en la instrucción religiosa y en la memorización de textos sagrados.

Tomás de Aquino (1225-1274)

Tomás de Aquino, en su "Summa Theologica", integró la filosofía aristotélica con la doctrina cristiana, proponiendo que la razón y la fe podían coexistir. Sus ideas influyeron en la metodología educativa de la época, donde la dialéctica y el razonamiento lógico eran fundamentales (Aquinas, 1265-1274).

El Renacimiento trajo consigo un resurgimiento del interés por el conocimiento clásico y una nueva visión humanista de la educación. Esta época marcó el comienzo de la sistematización de la didáctica.

Juan Luis Vives (1493-1540)

Juan Luis Vives, un humanista español, es considerado uno de los precursores de la psicología educativa. En su obra "De Tradendis Disciplinis" (1531), defendió una educación basada en el conocimiento empírico y la observación, promoviendo métodos de enseñanza que involucraban activamente a los estudiantes.

3. La Didáctica Moderna

La didáctica como disciplina formal comenzó a tomar forma en el siglo XVII con la obra de Juan Amos Comenio (1592-1670). Comenio es conocido como el padre de la didáctica moderna.

Juan Amos Comenio

En su obra "Didactica Magna" (1657), Comenio propuso un sistema educativo universal y estructurado, donde la educación era vista como un derecho humano fundamental. Defendía una enseñanza gradual y adaptada a las capacidades naturales de los estudiantes, con un enfoque en el aprendizaje a través de la experiencia sensorial. Comenio también introdujo el concepto de "pansofía", o el conocimiento de todas las cosas, sugiriendo una educación integral y holística (Comenio, 1657).

4. Siglo XVIII y XIX: La Ilustración y el Romanticismo

El siglo XVIII, conocido como la Ilustración, trajo consigo una mayor valoración de la razón y la ciencia. La educación empezó a ser vista como un medio para el progreso social y la emancipación humana.

Jean-Jacques Rousseau (1712-1778)

Rousseau, en su obra "Emilio, o De la educación" (1762), criticó la educación tradicional y propuso una educación natural que respetara el desarrollo espontáneo del niño. Según Rousseau, el aprendizaje debía ser una exploración guiada por el interés y la curiosidad del estudiante, más que por la imposición de conocimientos preestablecidos (Rousseau, 1762).

Johann Heinrich Pestalozzi (1746-1827)

Pestalozzi, influido por Rousseau, implementó sus ideas en la práctica. Creía en una educación basada en el amor y el respeto por el niño, enfatizando el aprendizaje a través de la experiencia y el desarrollo de habilidades prácticas. Su enfoque holístico integraba el desarrollo intelectual, moral y físico del estudiante (Pestalozzi, 1801).

Friedrich Fröbel (1782-1852)

Fröbel, conocido como el creador del jardín de infancia, también fue influenciado por las ideas de Rousseau y Pestalozzi. En su obra "La educación del hombre" (1826), propuso que el juego era un medio fundamental para el aprendizaje infantil. Fröbel diseñó una serie de materiales educativos, conocidos como los "dones de Fröbel", para estimular el desarrollo cognitivo y creativo de los niños (Fröbel, 1826).

5. Siglo XX: Nuevas Teorías y Enfoques

El siglo XX vio la aparición de diversas teorías psicológicas y pedagógicas que transformaron la didáctica.

John Dewey (1859-1952)

Dewey, uno de los principales representantes del pragmatismo, defendió una educación democrática y participativa. En su obra "Democracia y educación" (1916), propuso que la educación debía preparar a los individuos para la vida en sociedad, fomentando el pensamiento crítico y la resolución de problemas. Dewey subrayó la importancia de la experiencia y el aprendizaje activo, sugiriendo que los estudiantes deben ser participantes activos en su propio proceso de aprendizaje (Dewey, 1916).

Jean Piaget (1896-1980)

Piaget, psicólogo suizo, desarrolló una teoría del desarrollo cognitivo que tuvo un profundo impacto en la didáctica. Según Piaget, el aprendizaje es un proceso constructivo donde los individuos desarrollan su comprensión a través de la interacción con el entorno y la resolución de problemas. Su teoría de las etapas del desarrollo cognitivo sugiere que los métodos de enseñanza deben adaptarse a las capacidades cognitivas de los estudiantes en diferentes edades (Piaget, 1952).

Lev Vygotsky (1896-1934)

Vygotsky, psicólogo ruso, enfatizó la importancia del contexto social y cultural en el aprendizaje. Introdujo el concepto de la Zona de Desarrollo Próximo (ZDP), que es el rango de tareas que un estudiante puede realizar con la ayuda de un guía más experimentado. Vygotsky argumentó que el aprendizaje es un proceso mediado socialmente, y que la interacción social juega un papel crucial en el desarrollo cognitivo (Vygotsky, 1978).

David Ausubel (1918-2008)

Ausubel desarrolló la teoría del aprendizaje significativo, que sostiene que el aprendizaje es más efectivo cuando los nuevos conocimientos se relacionan con la estructura cognitiva preexistente del estudiante. Según Ausubel, la clave para un aprendizaje efectivo es la organización de la información de manera que sea comprensible y relevante para el estudiante (Ausubel, 1968).

6. Enfoques Contemporáneos

En las últimas décadas, la didáctica ha seguido evolucionando, incorporando nuevas teorías y enfoques basados en investigaciones empíricas y desarrollos tecnológicos.

Constructivismo

El constructivismo, influenciado por las teorías de Piaget y Vygotsky, se ha convertido en una de las perspectivas más influyentes en la didáctica contemporánea. Este enfoque sostiene que el aprendizaje es un proceso activo de construcción del conocimiento, donde los estudiantes desarrollan su comprensión a través de la interacción con el entorno y la colaboración con otros (Fosnot, 2005).

Aprendizaje Basado en Proyectos (ABP)

El ABP es un enfoque didáctico que se centra en la realización de proyectos como medio para adquirir conocimientos y habilidades. Este enfoque promueve el aprendizaje activo y significativo, ya que los estudiantes trabajan en proyectos reales y relevantes que requieren la aplicación de conocimientos interdisciplinarios (Bell, 2010).

Educación Inclusiva

La educación inclusiva es un enfoque que busca asegurar que todos los estudiantes, independientemente de sus capacidades o antecedentes, tengan acceso a una educación de calidad. Este enfoque enfatiza la importancia de la adaptación de los métodos y recursos educativos para satisfacer las necesidades diversas de los estudiantes (Ainscow, 2005).

1.2 Retos sociales del siglo XXI y función social de la escuela y de la educación obligatoria

1.2.1 Retos sociales del siglo XXI

El siglo XXI se caracteriza por profundos cambios sociales, económicos y tecnológicos que plantean nuevos retos para la educación. La globalización, la revolución digital, el cambio climático, y la creciente desigualdad social son solo algunas de las fuerzas que están remodelando nuestro mundo. En este contexto, la escuela y la educación obligatoria juegan un papel crucial en la preparación de las nuevas generaciones para enfrentar estos desafíos. Este texto examina los principales retos sociales del siglo XXI y analiza cómo la educación obligatoria puede responder a estas demandas, cumpliendo su función social de formar ciudadanos competentes, críticos y comprometidos con el bienestar común.

Retos Sociales del Siglo XXI

1. **Globalización y Diversidad Cultural**

La globalización ha intensificado los intercambios culturales, económicos y políticos a nivel mundial, creando sociedades cada vez más diversas y multiculturales. Esta diversidad presenta tanto oportunidades como desafíos para la convivencia y el entendimiento mutuo.

Según Banks (2008), "la educación multicultural es esencial en el siglo XXI para preparar a los estudiantes a vivir y trabajar en un mundo diverso y pluralista". La escuela debe fomentar el respeto y la valoración de las diferencias culturales, promoviendo la inclusión y la igualdad de oportunidades para todos los estudiantes, independientemente de su origen étnico, religión o lengua.

2. **Revolución Digital y Sociedad del Conocimiento**

La revolución digital ha transformado todos los aspectos de la vida, desde la manera en que nos comunicamos hasta cómo trabajamos y aprendemos. La capacidad de acceder, analizar y utilizar la información es crucial en la sociedad del conocimiento.

Como señala Prensky (2001), "los estudiantes de hoy son nativos digitales, y las escuelas deben adaptarse a sus necesidades y estilos de aprendizaje". La integración de las tecnologías de la información y la comunicación (TIC) en la educación no solo mejora el acceso al conocimiento, sino que también desarrolla competencias digitales esenciales para el futuro.

3. **Cambio Climático y Sostenibilidad**

El cambio climático es uno de los mayores retos que enfrenta la humanidad. La educación para la sostenibilidad es crucial para preparar a los estudiantes a comprender y abordar los problemas ambientales.

Sterling (2001) argumenta que "la educación debe transformar los sistemas de valores y comportamientos para promover una cultura de sostenibilidad". Las escuelas deben inculcar una conciencia ecológica y fomentar prácticas sostenibles que contribuyan a la conservación del planeta.

4. **Desigualdad Social y Pobreza**

A pesar del progreso económico, la desigualdad social y la pobreza persisten como problemas graves en muchas sociedades. La educación es una herramienta poderosa para romper el ciclo de la pobreza y promover la equidad social.

De acuerdo con Sen (1999), "la educación expande las capacidades y oportunidades de los individuos, contribuyendo al desarrollo humano y a la justicia social". Las políticas educativas deben enfocarse en garantizar el acceso y la calidad de la educación para todos, especialmente para los grupos más vulnerables.

5. **Salud Mental y Bienestar**

El bienestar emocional y la salud mental de los estudiantes son fundamentales para su desarrollo integral. El estrés, la ansiedad y otros problemas de salud mental están en aumento entre los jóvenes.

La Organización Mundial de la Salud (OMS, 2020) destaca que "las escuelas tienen un papel crucial en la promoción de la salud mental y el bienestar de los estudiantes". Es esencial que las instituciones educativas ofrezcan apoyo psicológico y promuevan un ambiente escolar saludable y seguro.

1.2.2 Función Social de la Escuela y la Educación Obligatoria

La escuela no solo es un lugar de aprendizaje académico, sino también un espacio donde se desarrollan valores, habilidades sociales y actitudes fundamentales para la vida en sociedad. A continuación, se analizan algunas de las funciones sociales más importantes de la educación obligatoria en el siglo XXI.

1. Formación de Ciudadanos Democráticos

La educación tiene la responsabilidad de formar ciudadanos democráticos que participen activamente en la vida pública y contribuyan al bien común. La educación cívica y ética es esencial para promover los valores de la democracia, los derechos humanos y la justicia social.

Gutmann (1999) sostiene que "la educación democrática debe capacitar a los estudiantes para deliberar y decidir sobre cuestiones públicas, respetando la diversidad y promoviendo la igualdad". Las escuelas deben fomentar el pensamiento crítico, la participación ciudadana y el compromiso social.

2. Promoción de la Igualdad y la Inclusión Social

La escuela es un agente clave en la promoción de la igualdad y la inclusión social. La educación inclusiva busca eliminar las barreras que impiden la participación plena de todos los estudiantes, especialmente aquellos con necesidades educativas especiales y de minorías desfavorecidas.

Según Ainscow (2005), "la educación inclusiva es una cuestión de derechos humanos y justicia social". Las escuelas deben adaptar sus prácticas pedagógicas y organizativas para atender la diversidad y garantizar que todos los estudiantes tengan las mismas oportunidades de aprendizaje.

3. Desarrollo de Competencias para el Siglo XXI

El mundo laboral y social requiere competencias nuevas y complejas, como el pensamiento crítico, la creatividad, la colaboración y la alfabetización digital. La educación obligatoria debe preparar a los estudiantes para enfrentar los desafíos del futuro y adaptarse a un entorno en constante cambio.

Trilling y Fadel (2009) identifican las "habilidades del siglo XXI" como esenciales para el éxito en la vida personal y profesional. Las escuelas deben desarrollar currículos que integren estas competencias, promoviendo el aprendizaje activo y significativo.

4. Fomento de la Convivencia y la Paz

La educación para la paz y la convivencia es fundamental en un mundo cada vez más conflictivo y polarizado. Las escuelas deben ser espacios donde se cultiven la empatía, el diálogo y la resolución pacífica de conflictos.

Harris y Morrison (2013) argumentan que "la educación para la paz busca transformar la cultura de violencia en una cultura de paz". Las prácticas de mediación escolar y programas de convivencia pueden ayudar a construir ambientes escolares armónicos y respetuosos.

5. Educación para el Desarrollo Sostenible

La educación para el desarrollo sostenible (EDS) es crucial para preparar a los estudiantes a enfrentar los retos ambientales y construir un futuro sostenible. La EDS promueve la comprensión de los problemas globales y locales y fomenta el compromiso con acciones concretas para la sostenibilidad.

Tilbury (2011) subraya que "la EDS integra principios y prácticas sostenibles en todos los aspectos de la educación y el aprendizaje". Las escuelas deben incorporar la sostenibilidad en sus currículos y prácticas diarias, inspirando a los estudiantes a ser agentes de cambio en sus comunidades.

1.2.3 Estrategias para Responder a los Retos Sociales

Para que la educación obligatoria cumpla eficazmente su función social en el siglo XXI, es necesario implementar una serie de estrategias y políticas educativas.

1. **Reforma Curricular y Pedagógica**

Es esencial actualizar los currículos y las prácticas pedagógicas para reflejar las necesidades y realidades del siglo XXI. Los currículos deben ser flexibles, integradores y centrados en el estudiante, promoviendo el aprendizaje por competencias y la interdisciplinariedad.

Según Fullan (2001), "la reforma educativa debe centrarse en el cambio profundo de la cultura escolar y la práctica pedagógica". Las metodologías activas, como el aprendizaje basado en proyectos y la educación experiencial, pueden hacer el aprendizaje más relevante y significativo.

2. **Formación y Desarrollo Profesional del Profesorado**

Los docentes son los agentes clave en la implementación de cambios educativos. La formación inicial y continua del profesorado debe enfocarse en desarrollar las competencias necesarias para enfrentar los retos del siglo XXI, incluyendo el uso de las TIC, la educación inclusiva y la gestión de la diversidad.

Day (1999) destaca que "el desarrollo profesional continuo es esencial para mejorar la calidad de la enseñanza y el aprendizaje". Programas de formación centrados en la práctica reflexiva y la colaboración entre docentes pueden fortalecer las capacidades profesionales.

3. **Inclusión de la Comunidad y las Familias**

La colaboración entre la escuela, las familias y la comunidad es crucial para el éxito educativo. Las escuelas deben fomentar la participación activa de los padres y la comunidad en el proceso educativo, creando alianzas que enriquezcan el aprendizaje y el desarrollo de los estudiantes.

Epstein (2001) propone el modelo de "partería educativa" donde la colaboración entre la escuela y la familia mejora los resultados educativos. Iniciativas como talleres para padres, programas de voluntariado y comités escolares pueden fortalecer estos vínculos.

4. **Uso de Tecnologías Educativas**

La integración de las tecnologías de la información y la comunicación (TIC) en la educación es vital para preparar a los estudiantes para un mundo digital. Las TIC pueden enriquecer el aprendizaje, proporcionar recursos educativos accesibles y personalizar la enseñanza.

Selwyn (2011) argumenta que "la tecnología tiene el potencial de transformar la educación, pero su implementación debe ser pedagógicamente fundada". Las políticas educativas deben asegurar el acceso equitativo a las tecnologías y capacitar a los docentes en su uso efectivo.

5. **Políticas de Equidad y Justicia Social**

Es fundamental implementar políticas que garanticen la equidad y la justicia social en la educación. Esto incluye la asignación equitativa de recursos, el apoyo a estudiantes con necesidades especiales y la eliminación de barreras que perpetúan la desigualdad.

Lynch y Baker (2005) subrayan que "las políticas educativas deben abordar las desigualdades estructurales y promover la equidad". La financiación adecuada de las escuelas, programas de becas y ayudas, y el seguimiento de la diversidad son medidas necesarias para promover una educación justa.

Tema 2. El currículo

2.1 Enfoques teóricos sobre el currículo

El currículo es un componente esencial en el ámbito educativo que determina qué, cómo y cuándo se enseña en las instituciones educativas. Existen diversos enfoques teóricos sobre el currículo, cada uno con su perspectiva y objetivos específicos.

Los enfoques teóricos sobre el currículo reflejan diversas perspectivas sobre el propósito y la naturaleza de la educación. Desde el enfoque académico-tradicional hasta el enfoque socio-crítico, cada teoría ofrece diferentes ideas y prácticas para el desarrollo y la implementación del currículo. Comprender estos enfoques es esencial para los educadores y diseñadores curriculares, ya que les permite crear programas educativos que sean relevantes, inclusivos y efectivos en la preparación de los estudiantes para enfrentar los desafíos del siglo XXI.

1. **Enfoque Académico-Tradicional**

El enfoque académico-tradicional del currículo se centra en la transmisión de conocimientos y habilidades fundamentales a los estudiantes. Este enfoque tiene sus raíces en la educación clásica y ha sido predominante en muchas instituciones educativas.

Características:

- Énfasis en la adquisición de conocimientos básicos y habilidades académicas.

- Currículo estructurado en disciplinas académicas tradicionales como matemáticas, ciencias, literatura y historia.

- Enseñanza centrada en el profesor, con un enfoque en la instrucción directa y la memorización.

Fundamentos Teóricos:

- **Robert M. Hutchins (1953)** y **Mortimer Adler (1982)** defendieron un currículo basado en los "grandes libros" y la educación liberal, argumentando que el conocimiento acumulado de la civilización occidental es fundamental para el desarrollo intelectual.

- **E. D. Hirsch, Jr. (1987)** promovió la idea de "Cultural Literacy" (alfabetización cultural), sugiriendo que hay un cuerpo de conocimiento esencial que todos los ciudadanos deben poseer para participar plenamente en la sociedad.

- **José Gimeno Sacristán (2001)**, un reconocido pedagogo español, subraya la importancia del currículo en la transmisión cultural y la formación integral del

35

estudiante, destacando la necesidad de un enfoque equilibrado que combine conocimientos fundamentales con habilidades críticas y creativas.

Críticas:

- Puede ser restrictivo y no siempre relevante para todos los estudiantes.

- Puede ignorar las necesidades y contextos culturales de los estudiantes diversos.

2. Enfoque Técnico-Racional

El enfoque técnico-racional ve el currículo como un plan detallado diseñado para alcanzar objetivos educativos específicos. Este enfoque se basa en la eficiencia y la efectividad, utilizando métodos científicos para desarrollar y evaluar el currículo.

Características:

- Definición clara de objetivos educativos medibles.

- Desarrollo del currículo basado en investigaciones y teorías educativas.

- Evaluación continua del progreso del estudiante en relación con los objetivos establecidos.

Fundamentos Teóricos:

- **Ralph Tyler (1949)** es uno de los principales exponentes de este enfoque, proponiendo que el currículo debe ser desarrollado a partir de cuatro preguntas fundamentales: ¿Qué objetivos deben alcanzar los estudiantes? ¿Qué experiencias educativas se pueden proporcionar para alcanzar estos objetivos? ¿Cómo se pueden organizar estas experiencias educativas de manera efectiva? ¿Cómo se pueden evaluar los logros de estos objetivos?

- **Hilda Taba (1962)** elaboró sobre las ideas de Tyler, proponiendo un modelo inductivo para el desarrollo del currículo que comienza con la definición de los objetivos y sigue con la selección y organización del contenido, la selección de experiencias de aprendizaje y la determinación de los métodos de evaluación.

- **César Coll (1992)**, otro pedagogo español influyente, ha contribuido significativamente al enfoque técnico-racional, destacando la importancia de la psicología del aprendizaje en el desarrollo curricular y promoviendo un currículo que responda a las necesidades cognitivas y emocionales de los estudiantes.

Críticas:

- Puede ser demasiado rígido y no adaptarse bien a los cambios en el contexto educativo o a las necesidades individuales de los estudiantes.

- A menudo se centra en el producto (resultados de aprendizaje) en lugar del proceso educativo.

3. Enfoque Humanista

El enfoque humanista del currículo pone al estudiante en el centro del proceso educativo, enfatizando el desarrollo integral del individuo, incluyendo aspectos emocionales, sociales y cognitivos.

Características:

- Foco en el crecimiento personal y el desarrollo del potencial humano.

- Currículo flexible y adaptable a las necesidades e intereses individuales de los estudiantes.

- Aprendizaje experiencial y autogestión del aprendizaje.

Fundamentos Teóricos:

- **Carl Rogers (1969)** promovió la idea de "aprendizaje centrado en el estudiante", donde los estudiantes tienen la libertad de explorar y aprender a su propio ritmo y en sus propios términos.

- **Abraham Maslow (1954)** y su teoría de la jerarquía de necesidades sugieren que el aprendizaje efectivo solo puede ocurrir cuando se satisfacen las necesidades básicas del estudiante, incluyendo la seguridad, la pertenencia y la autoactualización.

- **Miguel Ángel Santos Guerra (2003)**, pedagogo español, destaca la importancia de la educación emocional y el desarrollo integral del estudiante, promoviendo un currículo que valore tanto el conocimiento académico como el crecimiento personal y social.

Críticas:

- Puede ser difícil de implementar en sistemas educativos tradicionales y estructurados.

- A menudo requiere una relación muy alta de personal por estudiante y recursos significativos.

4. Enfoque Reconceptualista

El enfoque reconceptualista del currículo surge como una crítica a los enfoques tradicionales y técnicos, proponiendo que el currículo no debe ser visto simplemente como un conjunto de conocimientos a ser transmitidos, sino como un campo de estudio complejo y multifacético que refleja y moldea la realidad social y cultural.

Características:

- Enfoque crítico y reflexivo sobre el currículo y la educación.

- Consideración de aspectos políticos, sociales y culturales en el desarrollo y la implementación del currículo.

- Énfasis en la emancipación y la transformación social a través de la educación.

Fundamentos Teóricos:

- **William Pinar (1975)** es uno de los principales teóricos de este enfoque, proponiendo que el currículo debe ser visto como una "conversación complicada" que involucra múltiples voces y perspectivas.

- **Michael Apple (1979)** argumenta que el currículo está inherentemente relacionado con las estructuras de poder y debe ser analizado en el contexto de la lucha por la justicia social y la equidad.

- **Jurjo Torres Santomé (1998)**, pedagogo español, critica los enfoques tradicionales del currículo y aboga por una visión más inclusiva y democrática que considere las realidades y necesidades de todos los estudiantes, promoviendo la justicia social y la equidad en la educación.

Críticas:

- A menudo es visto como demasiado teórico y abstracto, con dificultades para su aplicación práctica en el aula.

- Puede ser percibido como politizado y confrontacional en algunos contextos educativos.

5. Enfoque Ecológico

El enfoque ecológico del currículo se centra en la interconexión entre los individuos y su entorno, destacando la importancia de la sostenibilidad y el aprendizaje holístico.

Características:

- Consideración de las interrelaciones entre el individuo, la comunidad y el medio ambiente.

- Énfasis en la sostenibilidad y la educación ambiental.

- Aprendizaje experiencial y basado en proyectos.

Fundamentos Teóricos:

- **David Orr (1992)** es un defensor clave de la educación ecológica, argumentando que la sostenibilidad debe ser un componente central del currículo para preparar a los estudiantes para enfrentar los desafíos ambientales del futuro.

- **Fritjof Capra (1996)** sugiere que la educación debe reflejar una comprensión sistémica del mundo, donde todo está interconectado y las acciones tienen consecuencias en múltiples niveles.

- **Margarita Pino Juste (2008)**, investigadora española, ha trabajado en la integración de la educación para la sostenibilidad en el currículo, promoviendo prácticas educativas que sensibilicen a los estudiantes sobre los problemas ambientales y fomenten un compromiso activo con la sostenibilidad.

Críticas:

- Puede ser difícil de integrar en currículos tradicionales y estandarizados.

- Requiere un cambio significativo en la mentalidad y las prácticas educativas tradicionales.

6. Enfoque Socio-Crítico

El enfoque socio-crítico del currículo analiza cómo la educación puede perpetuar o desafiar las desigualdades sociales. Se enfoca en el poder, la justicia social y la emancipación a través de la educación.

Características:

- Análisis crítico de las estructuras de poder y desigualdad en la educación.

- Promoción de la justicia social y la equidad.

- Fomento del pensamiento crítico y la conciencia social entre los estudiantes.

Fundamentos Teóricos:

- **Paulo Freire (1970)** es uno de los principales exponentes de este enfoque, proponiendo una educación "liberadora" que empodere a los oprimidos y promueva la transformación social.

- **Henry Giroux (1983)** argumenta que el currículo debe ser un sitio de resistencia y transformación, donde los estudiantes aprenden a cuestionar y desafiar las injusticias sociales.

- **Antoni Zabala Vidiella (1990)**, un teórico español, ha trabajado en el desarrollo de currículos que fomenten la reflexión crítica y la acción social, subrayando la importancia de la educación como herramienta para la transformación y la justicia social.

Críticas:

- A menudo es percibido como demasiado ideológico y politizado.

- Puede enfrentar resistencia en contextos educativos más conservadores.

2.2 El currículo explícito, oculto y nulo

El currículo es un concepto multifacético en la educación que va más allá de los contenidos y objetivos que se enseñan formalmente en las aulas. Según el enfoque de las ciencias sociales y la educación, el currículo puede clasificarse en explícito, oculto y nulo, cada uno con sus implicaciones para la práctica educativa y el desarrollo del estudiante. Este texto explora estos tres tipos de currículo, discutiendo sus definiciones, características, y las implicaciones que tienen en el proceso educativo. Se incluyen citas y referencias de autores tanto internacionales como españoles para proporcionar una visión integral del tema.

2.2.1 El Currículo Explícito

Definición y Características:

El currículo explícito se refiere al conjunto de contenidos, objetivos, competencias y actividades que están formalmente establecidos en los documentos educativos oficiales, como los programas de estudio, los planes de lecciones y los materiales didácticos. Este tipo de currículo es intencional y planificado, y su propósito es guiar la enseñanza y el aprendizaje de manera estructurada.

Fundamentos Teóricos:

- **Ralph Tyler (1949)**, uno de los pioneros en el estudio del currículo, definió el currículo explícito en términos de objetivos claros y medibles. Tyler argumentó que el currículo debe desarrollarse a partir de la identificación de los objetivos educativos, la selección de experiencias educativas que permitan alcanzar esos objetivos, y la organización de esas experiencias para maximizar su efectividad. Su modelo se basa en una planificación detallada y una evaluación sistemática de los logros (Tyler, 1949).

- **Hilda Taba (1962)** amplió el trabajo de Tyler, proponiendo un enfoque inductivo para el desarrollo del currículo. Taba sugería que el currículo debe ser diseñado a partir de una comprensión profunda de las necesidades y características de los estudiantes, utilizando una secuencia lógica que comienza con la identificación de los objetivos y continúa con la selección y organización de contenidos (Taba, 1962).

Ejemplos en la Práctica:

- En España, los documentos curriculares oficiales como el **Real Decreto 217/2022**, de 29 de marzo, por el que se establece la ordenación y las enseñanzas mínimas de la Educación Secundaria Obligatoria.

  - para la Educación Secundaria Obligatoria (ESO) y el **Real Decreto 243/2022, de 5 de abril**, por el que se establecen la ordenación y las enseñanzas mínimas del Bachillerato, especifican claramente los contenidos, competencias y objetivos que deben ser cubiertos en cada nivel educativo. Estos documentos son ejemplos de currículo explícito, ya que proporcionan una guía detallada para los docentes y aseguran la coherencia en la enseñanza a nivel nacional.

Críticas:

- El currículo explícito puede ser demasiado rígido y no tener en cuenta la diversidad de los estudiantes o el contexto específico de cada aula.

- Puede limitar la creatividad del docente y restringir la capacidad de adaptar la enseñanza a las necesidades individuales de los estudiantes.

2.2.2 El Currículo Oculto

Definición y Características:

El currículo oculto se refiere a los aprendizajes no intencionados que ocurren en el entorno educativo. Estos aprendizajes no están formalmente incluidos en los documentos curriculares, pero son parte integral de la experiencia educativa. El currículo oculto abarca aspectos como las normas sociales, los valores, y las actitudes que los estudiantes aprenden a través de la interacción con sus compañeros, el personal educativo y la cultura escolar.

Fundamentos Teóricos:

- **Philip Jackson (1968)** fue uno de los primeros en explorar el concepto de currículo oculto. En su libro *Life in Classrooms*, Jackson argumentó que las escuelas transmiten una serie de valores y normas a través de sus prácticas diarias y la estructura organizativa, más allá del contenido académico formal (Jackson, 1968).

- **Michael Apple (1996)** también ha contribuido al entendimiento del currículo oculto, señalando que las prácticas educativas y las estructuras de poder en las escuelas pueden influir en la forma en que los estudiantes perciben y experimentan la educación. Apple argumenta que el currículo oculto puede perpetuar desigualdades sociales y culturales al reforzar ciertos valores y actitudes (Apple, 1996).

Ejemplos en la Práctica:

En el contexto español, el currículo oculto puede observarse en la forma en que se organizan las actividades escolares, las expectativas sociales sobre el comportamiento de los estudiantes y los valores que se promueven a través de la cultura escolar. Por ejemplo, el énfasis en la puntualidad y la obediencia en algunas escuelas puede transmitir valores que no están explícitamente indicados en el currículo formal pero que son parte integral del ambiente educativo.

Críticas:

- El currículo oculto puede reforzar estereotipos y desigualdades, perpetuando diferencias de género, clase social y origen étnico.

- Puede contribuir a una falta de transparencia en la educación, haciendo que los estudiantes reciban mensajes implícitos que no son discutidos abiertamente.

2.2.3. El Currículo Nulo

Definición y Características:

El currículo nulo se refiere a los contenidos y temas que, aunque podrían ser importantes para el desarrollo integral de los estudiantes, no están incluidos en el currículo formal ni en las prácticas educativas. Estos temas pueden ser excluidos intencionalmente o por negligencia, y su ausencia puede tener implicaciones significativas para los estudiantes.

Fundamentos Teóricos:

- **Lloyd R. H. (1988)** abordó el concepto de currículo nulo al discutir cómo ciertos temas y perspectivas son sistemáticamente excluidos del currículo formal. H. argumenta que la exclusión de ciertos contenidos puede ser el resultado de decisiones curriculares que reflejan intereses y valores específicos de los grupos dominantes en la sociedad (H., 1988).

- **Elliot W. Eisner (2002)** también ha explorado el concepto de currículo nulo en su trabajo sobre la estética y el contenido del currículo. Eisner argumenta que la selección de contenidos y la omisión de otros reflejan las prioridades y valores de la sociedad y que la ausencia de ciertos temas puede limitar la comprensión y el desarrollo de los estudiantes (Eisner, 2002).

Ejemplos en la Práctica:

En el sistema educativo español, el currículo nulo puede ser observado en la falta de inclusión de temas como la educación sexual integral, la diversidad cultural o la educación para la sostenibilidad en algunos programas de estudio. Aunque estos temas son cada vez más reconocidos, su inclusión no es uniforme y puede variar significativamente entre diferentes regiones y niveles educativos.

Críticas:

- La exclusión de ciertos temas del currículo puede llevar a una educación incompleta y a la falta de preparación de los estudiantes para enfrentar los desafíos del mundo contemporáneo.

- El currículo nulo puede reflejar sesgos y prioridades que no necesariamente alinean con las necesidades e intereses de todos los estudiantes.

Implicaciones para la Práctica Educativa

Comprender las dimensiones explícita, oculta y nula del currículo es crucial para desarrollar prácticas educativas más inclusivas y efectivas. Los educadores deben ser conscientes de cómo estos diferentes aspectos del currículo afectan la experiencia de aprendizaje de los estudiantes y trabajar para abordar las desigualdades y deficiencias que puedan surgir.

Estrategias para Abordar el Currículo Oculto y Nulo:

- **Revisión y Reflexión Crítica:** Los educadores deben revisar regularmente el currículo y reflexionar sobre los mensajes implícitos y las omisiones que pueden estar presentes. Esto incluye la consideración de cómo las prácticas y políticas escolares pueden influir en la experiencia educativa de los estudiantes.

- **Inclusión y Diversidad:** Es fundamental incluir temas y perspectivas diversas en el currículo explícito para abordar el currículo nulo. Esto puede implicar la incorporación de contenidos relacionados con la igualdad de género, la educación intercultural y la sostenibilidad.

- **Diálogo Abierto:** Promover un diálogo abierto sobre el currículo oculto y nulo con estudiantes, padres y colegas puede ayudar a identificar y abordar los problemas que no son evidentes en el currículo formal.

2.3 Los niveles de concreción curricular

La concreción curricular es un proceso esencial en la educación que adapta el currículo general a las necesidades específicas de los contextos educativos y los estudiantes. Este proceso asegura que el currículo nacional o regional se implemente de manera efectiva y relevante en las aulas. Los niveles de concreción curricular se refieren a las diferentes etapas en las que el currículo se adapta y detalla para su aplicación práctica. En este docuemnto se exploran los niveles de concreción curricular, sus características, y las implicaciones para la práctica educativa, proporcionando citas y referencias de autores relevantes en el campo.

1. **Primer nivel: Currículo básico**

El currículo básico es establecido por el gobierno central y proporciona una base común para todos los estudiantes del país. Este nivel asegura la coherencia y la equidad en la educación nacional.

Definición y Características:

El nivel nacional o regional es el primer nivel de concreción curricular, que establece el currículo general y las directrices para el sistema educativo. En este nivel, se definen los objetivos educativos, los contenidos, las competencias, y los estándares de evaluación que deben ser alcanzados en todo el país o región.

Fundamentos Teóricos:

- **Ralph Tyler (1949)**, en su trabajo *Basic Principles of Curriculum and Instruction*, introdujo el concepto de planificación curricular basada en objetivos. Tyler argumentó que el currículo a nivel nacional debe establecer metas claras y medibles para asegurar la coherencia y la equidad en el sistema educativo (Tyler, 1949).

- **Jerome Bruner (1960)** también ha influido en la concepción del currículo nacional con su teoría del "currículo espiral". Bruner propuso que el currículo debería ser organizado de manera que los conceptos sean revisados y profundizados en diferentes niveles a medida que los estudiantes avanzan en su educación (Bruner, 1960).

Críticas:

- La uniformidad del currículo nacional puede no reflejar adecuadamente las necesidades y características locales de los estudiantes.

- Puede haber una falta de flexibilidad para adaptarse a contextos específicos y a las necesidades individuales de los estudiantes.

2. Segundo nivel: Adaptación autonómica

Las comunidades autónomas adaptan el currículo básico a sus contextos específicos, incorporando elementos culturales, lingüísticos y regionales. Esta adaptación permite que el currículo sea relevante y significativo para los estudiantes en diferentes regiones.

Definición y Características:

El nivel regional o autonómico adapta el currículo nacional a las características y necesidades específicas de cada región o comunidad autónoma. Este nivel de concreción permite la incorporación de elementos locales y culturales en el currículo, asegurando que sea relevante para los estudiantes en su contexto específico.

Fundamentos Teóricos:

- **Michael Apple (1996)** discutió cómo el currículo puede ser influenciado por contextos locales y regionales, argumentando que la adaptación del currículo a nivel regional puede reflejar las realidades culturales y políticas de una comunidad (Apple, 1996).

- **Margarita Pino Juste (2008)** ha abordado la importancia de la adaptación curricular en contextos específicos, señalando que el currículo regional debe considerar las particularidades locales para ser más efectivo y pertinente para los estudiantes (Pino Juste, 2008).

Críticas:

- La adaptación regional del currículo puede llevar a una fragmentación del sistema educativo, dificultando la movilidad y la coherencia a nivel nacional.

- Puede haber inconsistencias en la implementación y en la calidad del currículo entre diferentes regiones.

- Tercer nivel: Adaptación escolar

Los centros educativos adaptan el currículo a sus contextos particulares, teniendo en cuenta las características y necesidades de sus estudiantes. Esta adaptación permite que el currículo sea flexible y se ajuste a las realidades locales.

Definición y Características:

El nivel institucional se refiere a la adaptación del currículo a nivel de cada institución educativa, como escuelas y colegios. En este nivel, el currículo nacional y regional se adapta a las características específicas de la institución, incluyendo su contexto socioeconómico, los recursos disponibles y las necesidades particulares de sus estudiantes.

Fundamentos Teóricos:

- **Hilda Taba (1962)** en su trabajo *Curriculum Development: Theory and Practice* destacó la importancia de la adaptación del currículo a nivel institucional, proponiendo que las decisiones curriculares deben considerar las necesidades y características específicas de la comunidad educativa de cada escuela (Taba, 1962).

- **Rita Pierson (2011)**, en su discurso sobre la importancia de las relaciones en la educación, sugiere que la adaptación del currículo a nivel institucional debe tener en cuenta el contexto social y emocional de los estudiantes, promoviendo un ambiente de aprendizaje inclusivo y motivador (Pierson, 2011).

Ejemplos en la Práctica:

En muchas escuelas, los docentes y los equipos educativos desarrollan programas específicos y actividades basadas en el currículo nacional y regional, ajustando el contenido y los métodos de enseñanza para satisfacer las necesidades de sus estudiantes. Por ejemplo, una escuela en una zona rural puede incorporar temas relacionados con la agricultura local en su currículo de ciencias, mientras que una escuela en un área urbana puede enfocarse en temas relacionados con la tecnología y el urbanismo.

Críticas:

- La implementación a nivel institucional puede variar ampliamente entre diferentes escuelas, lo que puede llevar a desigualdades en la calidad educativa.

- La falta de formación y apoyo para los docentes en la adaptación del currículo puede resultar en una aplicación inconsistente y menos efectiva.

3. **Nivel de Aula**

Definición y Características:

El nivel de aula es el nivel más específico de concreción curricular, donde el currículo se adapta a las necesidades y características individuales de los estudiantes. En este nivel, los docentes planifican y diseñan las actividades de enseñanza y aprendizaje, ajustando el currículo para responder a las necesidades y estilos de aprendizaje de sus estudiantes.

Fundamentos Teóricos:

- **Carol Ann Tomlinson (2001)** en su obra *Differentiated Instruction: A Guide for Middle and High School Teachers* abordó la importancia de la instrucción diferenciada en el nivel de aula, destacando que los docentes deben adaptar el currículo y los métodos de enseñanza para abordar la diversidad de habilidades y estilos de aprendizaje en el aula (Tomlinson, 2001).

- **Lev Vygotsky (1978)** en su teoría del desarrollo proximal también sugiere que el currículo debe ser adaptado a las capacidades actuales de los estudiantes y sus potenciales para el desarrollo, promoviendo un aprendizaje que esté justo al borde de sus habilidades actuales (Vygotsky, 1978).

Ejemplos en la Práctica:

Los docentes utilizan estrategias de instrucción diferenciada, como grupos de habilidad, ajustes en el contenido, y métodos de evaluación variados para atender las necesidades individuales de los estudiantes. Por ejemplo, en una clase de matemáticas, un docente puede ofrecer diferentes niveles de dificultad en las tareas y utilizar recursos visuales para apoyar a los estudiantes con diferentes estilos de aprendizaje.

Críticas:

- La adaptación a nivel de aula puede ser desafiante debido a la falta de tiempo, recursos y formación adecuada para los docentes.

- Puede haber una presión para seguir el currículo establecido a nivel nacional y regional, limitando la capacidad del docente para realizar adaptaciones significativas.

Implicaciones para la Práctica Educativa

Los niveles de concreción curricular tienen importantes implicaciones para la práctica educativa, influyendo en cómo se desarrolla y se implementa el currículo en diferentes contextos. Para que el currículo sea efectivo, es esencial considerar las necesidades y características en cada nivel de concreción y trabajar para asegurar que la adaptación del currículo sea coherente y relevante para todos los estudiantes.

Estrategias para una Concreción Curricular Efectiva:

- **Desarrollo Profesional:** Proporcionar formación y apoyo continuo a los docentes para que puedan adaptar el currículo de manera efectiva a sus contextos y a las necesidades de sus estudiantes.

- **Colaboración:** Fomentar la colaboración entre los niveles de concreción, asegurando que las adaptaciones a nivel institucional y de aula se alineen con las directrices nacionales y regionales.

- **Evaluación Continua:** Implementar un proceso de evaluación continua para revisar y ajustar el currículo en todos los niveles, teniendo en cuenta el feedback de los estudiantes y las observaciones de los docentes.

Los niveles de concreción curricular son fundamentales para garantizar que el currículo sea relevante, inclusivo y efectivo en diferentes contextos educativos. Desde el nivel nacional hasta el nivel de aula, cada etapa de concreción juega un papel crucial en la adaptación del currículo para satisfacer las necesidades de los estudiantes y abordar los desafíos específicos del entorno educativo. Comprender y gestionar estos niveles de concreción es esencial para crear un sistema educativo que sea equitativo y de alta calidad.

2.4 La planificación del currículo

. La planificación del currículo es un proceso fundamental en la educación que implica la organización sistemática de los contenidos, objetivos, métodos de enseñanza, y evaluaciones para facilitar el aprendizaje de los estudiantes. Este proceso asegura que el currículo sea coherente, relevante, y adaptado a las necesidades de los estudiantes y a los objetivos educativos establecidos. En texto, exploraremos los aspectos clave de la planificación del currículo, incluyendo los objetivos, competencias, contenidos, métodos de enseñanza, tareas, recursos y evaluación. Incluiremos citas y referencias bibliográficas para proporcionar una visión profunda y fundamentada sobre el tema.

2.4.1 Objetivos del Currículo

Definición y Características:

Los objetivos del currículo establecen lo que se espera que los estudiantes aprendan y logren durante el proceso educativo. Estos objetivos deben ser claros, específicos y medibles, y deben guiar la planificación y la implementación del currículo.

Fundamentos Teóricos:

- **Ralph Tyler (1949)** en *Basic Principles of Curriculum and Instruction* definió los objetivos del currículo como declaraciones precisas de lo que se espera que los estudiantes logren. Tyler argumentó que la identificación de objetivos claros es esencial para desarrollar un currículo efectivo y para evaluar el progreso de los estudiantes (Tyler, 1949).

- **Hilda Taba (1962)**, en su enfoque inductivo del desarrollo curricular, también subrayó la importancia de establecer objetivos educativos claros y concretos, señalando que estos deben derivarse de una comprensión profunda de las necesidades y características de los estudiantes (Taba, 1962).

2.4.2 Competencias

Definición y Características:

Las competencias se refieren a la capacidad de los estudiantes para aplicar sus conocimientos y habilidades en contextos diversos. La planificación curricular moderna pone un énfasis creciente en el desarrollo de competencias en lugar de simplemente cubrir contenidos.

Fundamentos Teóricos:

- **David Perkins (1992)** en *Smart Schools: From Training Memories to Educating Minds* argumenta que el enfoque en las competencias ayuda a los estudiantes a desarrollar habilidades transferibles que pueden aplicar en una variedad de situaciones, en lugar de simplemente memorizar hechos (Perkins, 1992).

- **Guido Gili (2001)** ha analizado el papel de las competencias en la educación, destacando que las competencias deben ser integradas en el currículo para preparar a los estudiantes para enfrentar los desafíos del mundo real (Gili, 2001).

2.4.3 Contenidos

Definición y Características:

Los contenidos del currículo son los temas y conceptos que se enseñarán a los estudiantes. La selección y organización de estos contenidos son cruciales para asegurar que el currículo sea coherente y cumpla con los objetivos educativos.

Fundamentos Teóricos:

- **Jerome Bruner (1960)** en *The Process of Education* propone la teoría del currículo espiral, que sugiere que los contenidos deben ser revisados y ampliados a lo largo del tiempo, permitiendo a los estudiantes desarrollar una comprensión más profunda de los temas (Bruner, 1960).

- **Michael Apple (1993)** ha discutido cómo los contenidos del currículo pueden reflejar y perpetuar ciertos valores y normas culturales, lo que subraya la importancia de una selección consciente y crítica de los contenidos educativos (Apple, 1993).

2.4.4 Métodos de Enseñanza

Definición y Características:

Los métodos de enseñanza son las estrategias y técnicas que los docentes utilizan para facilitar el aprendizaje. Estos métodos deben ser seleccionados y adaptados de acuerdo con los objetivos del currículo, las necesidades de los estudiantes, y el contexto educativo.

Fundamentos Teóricos:

- **Lev Vygotsky (1978)** en *Mind in Society: The Development of Higher Psychological Processes* enfatiza la importancia de métodos de enseñanza que promuevan el desarrollo cognitivo a través de la interacción social y la resolución de problemas (Vygotsky, 1978).

- **Jean Piaget (1972)** en *The Principles of Genetic Epistemology* sugiere que los métodos de enseñanza deben estar alineados con el nivel de desarrollo cognitivo de los estudiantes, promoviendo el aprendizaje activo y el descubrimiento (Piaget, 1972).

2.4.5 Tareas y Actividades

Definición y Características:

Las tareas y actividades son las experiencias de aprendizaje específicas que se diseñan para ayudar a los estudiantes a alcanzar los objetivos del currículo. Estas tareas deben ser significativas, desafiantes y relevantes para los estudiantes.

Fundamentos Teóricos:

- **John Dewey (1938)** en *Experience and Education* argumenta que las tareas y actividades deben estar centradas en la experiencia y el interés de los estudiantes para fomentar un aprendizaje significativo y duradero (Dewey, 1938).

- **David Kolb (1984)** en *Experiential Learning: Experience as the Source of Learning and Development* destaca la importancia del aprendizaje experiencial, donde las tareas y actividades deben proporcionar oportunidades para la reflexión y la aplicación práctica de los conocimientos (Kolb, 1984).

2.4.6 Recursos

Definición y Características:

Los recursos son los materiales y herramientas que se utilizan para apoyar la enseñanza y el aprendizaje. Estos pueden incluir libros de texto, tecnología educativa, materiales didácticos, y otros recursos que faciliten el proceso educativo.

Fundamentos Teóricos:

- **Paulo Freire (1970)** en *Pedagogy of the Oppressed* aboga por el uso de recursos educativos que empoderen a los estudiantes y fomenten un aprendizaje crítico y reflexivo (Freire, 1970).

- **Howard Gardner (1991)** en *Frames of Mind: The Theory of Multiple Intelligences* sugiere que los recursos deben ser variados y adaptados para atender diferentes inteligencias y estilos de aprendizaje de los estudiantes (Gardner, 1991).

2.4.7 Evaluación

Definición y Características:

La evaluación es el proceso de medir y valorar el progreso de los estudiantes en relación con los objetivos del currículo. La evaluación debe ser continua, formativa y sumativa para proporcionar una imagen completa del aprendizaje de los estudiantes.

Fundamentos Teóricos:

- **Benjamin Bloom (1956)** en *Taxonomy of Educational Objectives* desarrolló una taxonomía que clasifica los objetivos educativos y los métodos de evaluación en niveles de complejidad cognitiva, proporcionando una base para la evaluación efectiva del aprendizaje (Bloom, 1956).

- **Dylan Wiliam (2011)** en *Embedded Formative Assessment* argumenta que la evaluación formativa debe integrarse en el proceso de enseñanza para proporcionar retroalimentación continua y mejorar el aprendizaje de los estudiantes (Wiliam, 2011).

La planificación del currículo es un proceso complejo que requiere una consideración cuidadosa de varios aspectos, incluyendo los objetivos, competencias, contenidos, métodos de enseñanza, tareas, recursos y evaluación. Cada uno de estos elementos desempeña un papel crucial en la creación de un currículo efectivo y relevante que facilite el aprendizaje de los estudiantes y cumpla con los objetivos educativos. La planificación curricular debe ser flexible y adaptativa, teniendo en cuenta las necesidades y características de los estudiantes, así como las demandas cambiantes del entorno educativo.

2.5 Propuestas y experiencias educativas

El currículo escolar no solo define qué debe enseñarse, sino también cómo debe implementarse en el aula para facilitar el aprendizaje efectivo y significativo. Las propuestas y experiencias educativas son métodos y enfoques prácticos que buscan hacer del currículo una herramienta dinámica y adaptativa. En este contexto, las propuestas educativas se centran en innovaciones metodológicas y en la implementación de prácticas que enriquecen el proceso de enseñanza-aprendizaje. Este texto explora algunas de las propuestas más relevantes y las experiencias educativas que han demostrado ser efectivas en la práctica, apoyadas por citas y referencias de autores clave en el campo de la educación.

2.5.1 Aprendizaje Basado en Proyectos (ABP)

Definición y Características:

El Aprendizaje Basado en Proyectos (ABP) es una metodología en la que los estudiantes trabajan en proyectos prolongados y complejos que culminan en un producto final o una presentación. Este enfoque permite a los estudiantes aplicar conocimientos y habilidades en contextos reales o simulados, fomentando un aprendizaje profundo y significativo.

Fundamentos Teóricos:

- **John Dewey (1938)**, en *Experience and Education*, argumenta que el aprendizaje debe estar basado en la experiencia práctica, y el ABP encarna esta filosofía al permitir a los estudiantes resolver problemas reales y trabajar en proyectos que son relevantes para ellos (Dewey, 1938).

- **Seymour Papert (1980)** en *Mindstorms: Children, Computers, and Powerful Ideas* destaca cómo el aprendizaje basado en proyectos puede ser enriquecido por la tecnología, proporcionando a los estudiantes herramientas para explorar, experimentar y crear (Papert, 1980).

Ejemplos en la Práctica:

En muchas escuelas, el ABP se implementa a través de proyectos interdisciplinarios que integran varias áreas del conocimiento. Por ejemplo, en una escuela secundaria, un proyecto sobre sostenibilidad ambiental puede involucrar ciencias, matemáticas, y estudios sociales, permitiendo a los estudiantes investigar, diseñar, y presentar soluciones a problemas ambientales locales.

Críticas:

- La implementación del ABP puede ser desafiante debido a la necesidad de planificación extensiva y la disponibilidad de recursos.

- Puede haber una falta de estandarización en la evaluación de los proyectos, lo que puede dificultar la medición de los resultados de aprendizaje.

2.5.2 Enseñanza Diferenciada

Definición y Características:

La enseñanza diferenciada es un enfoque que adapta el contenido, el proceso, y los productos de aprendizaje para satisfacer las necesidades diversas de los estudiantes. Este enfoque reconoce que los estudiantes tienen diferentes estilos de aprendizaje, niveles de habilidad y ritmos de desarrollo.

Fundamentos Teóricos:

- **Carol Ann Tomlinson (2001)** en *Differentiated Instruction: A Guide for Middle and High School Teachers* aboga por una enseñanza diferenciada que ajuste las estrategias pedagógicas para abordar la diversidad en el aula y maximizar el potencial de aprendizaje de todos los estudiantes (Tomlinson, 2001).

- **Howard Gardner (1983)**, con su teoría de las inteligencias múltiples en *Frames of Mind: The Theory of Multiple Intelligences*, sugiere que la enseñanza debe ser adaptativa para atender las distintas formas en que los estudiantes procesan la información y aprenden (Gardner, 1983).

Ejemplos en la Práctica:

En una clase de matemáticas, un docente puede usar diferentes niveles de dificultad en los problemas, ofrecer opciones para realizar presentaciones visuales o escritas, y proporcionar apoyo adicional a los estudiantes que lo necesiten. Además, los docentes pueden diseñar actividades grupales que permitan a los estudiantes colaborar y aprender unos de otros.

Críticas:

- La enseñanza diferenciada puede ser difícil de implementar de manera efectiva debido a la carga adicional que representa para los docentes en términos de planificación y preparación.

- Puede ser desafiante evaluar el progreso de los estudiantes cuando se utilizan múltiples métodos y estrategias.

2.5.3 Aprendizaje Cooperativo

Definición y Características:

El aprendizaje cooperativo es una metodología en la que los estudiantes trabajan juntos en grupos pequeños para alcanzar objetivos de aprendizaje comunes. Este enfoque fomenta la colaboración, la comunicación y el desarrollo de habilidades sociales.

Fundamentos Teóricos:

- **David Johnson y Roger Johnson (1994)** en *Cooperation: The Foundation of Effective Learning* argumentan que el aprendizaje cooperativo no solo mejora el rendimiento académico, sino que también desarrolla habilidades interpersonales y sociales importantes para la vida (Johnson & Johnson, 1994).

- **Lev Vygotsky (1978)** en *Mind in Society: The Development of Higher Psychological Processes* sostiene que el aprendizaje social y la interacción con otros son fundamentales para el desarrollo cognitivo, y el aprendizaje cooperativo encarna esta idea al proporcionar un contexto para el aprendizaje colaborativo (Vygotsky, 1978).

Ejemplos en la Práctica:

En el aula, el aprendizaje cooperativo puede incluir actividades como proyectos grupales, debates en clase, y tareas colaborativas. Por ejemplo, en una clase de historia, los estudiantes pueden trabajar en grupos para investigar y presentar diferentes aspectos de un evento histórico, facilitando el intercambio de ideas y la construcción colectiva del conocimiento.

Críticas:

- La dinámica de grupo puede llevar a desigualdades en la participación, donde algunos estudiantes pueden no contribuir igualmente al trabajo en equipo.

- Puede haber desafíos en la evaluación del rendimiento individual dentro de un grupo.

2.5.4 Educación Basada en Competencias

Definición y Características:

La educación basada en competencias se centra en el desarrollo de habilidades y capacidades específicas que los estudiantes necesitan para tener éxito en el mundo real. Este enfoque pone énfasis en el dominio de competencias clave en lugar de simplemente cubrir contenidos académicos.

Fundamentos Teóricos:

- **Richard E. Mayer (2004)** en *Should There Be a Three-Strikes Rule Against Pure Discovery Learning?* explora cómo la educación basada en competencias puede ser más efectiva cuando se combina con estrategias de enseñanza directa y apoyo estructurado (Mayer, 2004).

- **Andreas Schleicher (2018)** en *World Class: How to Build a 21st-Century School System* argumenta que las competencias deben ser el centro de la educación moderna para preparar a los estudiantes para un mercado laboral en constante cambio y para la vida en la sociedad globalizada (Schleicher, 2018).

Ejemplos en la Práctica:

Los programas educativos basados en competencias en España, como los establecidos en la **Ley Orgánica de Modificación de la Ley Orgánica de Educación (LOMLOE)**, enfatizan el desarrollo de competencias clave como la competencia digital, la competencia en comunicación lingüística, y la competencia para aprender a aprender. Los docentes diseñan actividades y evaluaciones que permiten a los estudiantes demostrar su dominio de estas competencias en contextos auténticos.

Críticas:

- La implementación de la educación basada en competencias puede requerir una revisión significativa del currículo y la formación de los docentes.

- Puede haber dificultades para medir y evaluar las competencias de manera precisa y uniforme.

2.5.5 Gamificación

Definición y Características:

La gamificación es el uso de elementos y principios de diseño de juegos en contextos educativos para aumentar la motivación y el compromiso de los estudiantes. Este enfoque utiliza dinámicas de juego como recompensas, desafíos, y niveles para hacer el aprendizaje más atractivo y participativo.

Fundamentos Teóricos:

- **James Paul Gee (2003)** en *What Video Games Have to Teach Us About Learning and Literacy* argumenta que los videojuegos pueden ofrecer valiosas lecciones sobre el aprendizaje motivador y eficaz, sugiriendo que la gamificación puede aprovechar estos principios para mejorar la educación (Gee, 2003).

- **Karl Kapp (2012)** en *The Gamification of Learning and Instruction* explora cómo los elementos de juego pueden ser integrados en el diseño instruccional para fomentar un aprendizaje más dinámico y envolvente (Kapp, 2012).

Ejemplos en la Práctica:

La gamificación en las aulas puede incluir el uso de plataformas educativas basadas en juegos, sistemas de puntos y recompensas, y actividades interactivas que simulan escenarios de juegos. Por ejemplo, un docente puede utilizar un juego de simulación para enseñar conceptos de economía o historia, permitiendo a los estudiantes explorar y experimentar con escenarios de manera lúdica.

Críticas:

- La gamificación puede ser vista como una distracción si no está bien alineada con los objetivos educativos.

- Puede haber una dependencia excesiva en las recompensas y la competencia, que podría afectar la motivación intrínseca de los estudiantes.

Las propuestas y experiencias educativas dentro del currículo son esenciales para hacer del aprendizaje una experiencia rica, dinámica y adaptada a las necesidades de los estudiantes. Desde el Aprendizaje Basado en Proyectos y la Enseñanza Diferenciada hasta el Aprendizaje Cooperativo, la Educación Basada en Competencias y la Gamificación, cada enfoque ofrece herramientas y estrategias para mejorar la enseñanza y el aprendizaje. La clave para una implementación exitosa radica en la planificación cuidadosa, la adaptación a los contextos específicos y la evaluación continua del impacto en el aprendizaje de los estudiantes.

Tema 3. La Relación Educativa y la Vida en el Aula y en el Centro

En el proceso educativo, la interacción entre diversos factores como los procesos de enseñanza y aprendizaje, la organización del aula, y la evaluación juegan un papel crucial en la formación integral de los estudiantes. Este tema explora cómo estos aspectos se interrelacionan para promover un ambiente educativo efectivo y enriquecedor.

3.1 Los Procesos de Enseñanza y Aprendizaje

3.1.1 La Enseñanza como un Proceso de Relación y Comunicación

La enseñanza es fundamentalmente un proceso de interacción y comunicación entre docentes y estudiantes. Paulo Freire (1970) revolucionó la comprensión de la educación con su concepto de educación dialógica. Según Freire, la educación debe ser un diálogo constante donde ambos, el educador y el educando, participan activamente en la construcción del conocimiento. Este enfoque se alinea con la perspectiva de *González* (2011), quien argumenta que la comunicación efectiva en el aula facilita un aprendizaje más significativo y participativo.

Lev Vygotsky (1978) introduce la teoría sociocultural, destacando la importancia de la interacción social en el aprendizaje. Su concepto de "zona de desarrollo próximo" (ZDP) enfatiza cómo los estudiantes pueden alcanzar un mayor nivel de competencia con la ayuda y el apoyo de otros. En este sentido, *López (2009)* señala que la ZDP es esencial para comprender cómo los estudiantes desarrollan habilidades cognitivas a través de la colaboración y el apoyo mutuo en el aula.

El enfoque comunicativo en la enseñanza también es respaldado por la teoría de la comunicación educativa de *Gergen* (1999), quien sostiene que el aprendizaje se produce a través de la construcción social de significados. Según *Castaño* (2015), este enfoque comunicativo permite que los estudiantes y docentes construyan conjuntamente el conocimiento, facilitando una comprensión compartida y un entorno de aprendizaje colaborativo.

La enseñanza no es simplemente la transmisión de conocimientos de un individuo a otro, sino un proceso complejo que implica la relación y la comunicación entre el docente y el estudiante. Este enfoque reconoce que el aprendizaje efectivo se produce en un contexto de interacción social y emocional.

Relación en la Enseñanza

La relación entre el docente y el estudiante es fundamental para el éxito educativo. Según Pianta (1999), una relación positiva entre el maestro y el alumno puede mejorar significativamente el rendimiento académico y el bienestar emocional del estudiante. Esta relación se basa en la confianza, el respeto mutuo y la empatía. Cuando los estudiantes sienten que sus maestros se preocupan por ellos y valoran sus opiniones, están más motivados para participar activamente en el proceso de aprendizaje (Hamre & Pianta, 2001).

Comunicación en la Enseñanza

La comunicación es otro componente esencial de la enseñanza. No se trata solo de la transmisión de información, sino de un intercambio bidireccional en el que tanto el docente como el estudiante participan activamente. Freire (1970) argumenta que la educación debe ser un diálogo en el que los estudiantes no sean meros receptores pasivos, sino co-creadores del conocimiento. Este enfoque dialógico fomenta un ambiente de aprendizaje más dinámico y participativo.

Estrategias de Comunicación Efectiva

Para que la comunicación en el aula sea efectiva, los docentes deben emplear diversas estrategias. Una de ellas es el uso de preguntas abiertas que estimulen el pensamiento crítico y la reflexión. Además, es importante que los docentes escuchen activamente a sus estudiantes, mostrando interés genuino en sus ideas y preocupaciones (Brookfield, 2015). La retroalimentación constructiva también juega un papel crucial, ya que ayuda a los estudiantes a comprender sus fortalezas y áreas de mejora.

Barreras en la Comunicación

A pesar de la importancia de la comunicación, existen varias barreras que pueden dificultar este proceso. Entre ellas se encuentran las diferencias culturales, los prejuicios y las expectativas poco realistas. Es esencial que los docentes sean conscientes de estas barreras y trabajen activamente para superarlas, promoviendo un ambiente inclusivo y respetuoso (Gay, 2000).

La Tecnología como Herramienta de Comunicación

En la era digital, la tecnología ofrece nuevas oportunidades para mejorar la comunicación en la enseñanza. Las plataformas de aprendizaje en línea, las redes sociales y las herramientas de colaboración digital pueden facilitar la interacción entre docentes y estudiantes, superando las limitaciones de tiempo y espacio (Anderson, 2008). Sin embargo, es importante utilizar estas herramientas de manera crítica y reflexiva, asegurando que complementen y no reemplacen la interacción humana.

La enseñanza como un proceso de relación y comunicación reconoce la importancia de las interacciones sociales y emocionales en el aprendizaje. Al fomentar relaciones positivas y una comunicación efectiva, los docentes pueden crear un ambiente de aprendizaje más enriquecedor y motivador para sus estudiantes.

3.1.2 El Deseo de Aprender y el Deseo de Enseñar

La motivación es un motor crucial en el proceso educativo. Deci y Ryan (2000) desarrollaron la teoría de la autodeterminación, que diferencia entre motivación intrínseca y extrínseca. La motivación intrínseca, derivada del interés y la satisfacción personal, se asocia con un aprendizaje más profundo y duradero. *Castells* (2008) resalta que la motivación intrínseca es esencial para fomentar un compromiso genuino con el aprendizaje, lo cual se traduce en un rendimiento académico superior.

El deseo de enseñar también es un factor crucial para el éxito educativo. Hargreaves (1994) argumenta que la pasión y el compromiso de los docentes son fundamentales para inspirar a los estudiantes. En esta línea, *García* (2012) destaca que el entusiasmo y la dedicación de los docentes impactan positivamente en la dinámica del aula y en la eficacia de la enseñanza.

La motivación docente y su impacto en el entorno educativo también ha sido documentado por *Ingersoll* (2003). Según *González* (2011), el compromiso de los docentes con su profesión influye directamente en la retención del personal y en el éxito educativo de los estudiantes, subrayando la necesidad de mantener una alta motivación entre los educadores para mejorar los resultados académicos.

El deseo de aprender y el derecho de enseñar son dos conceptos fundamentales en el ámbito educativo que están intrínsecamente relacionados. Ambos juegan un papel crucial en la formación de individuos y sociedades, y su interacción puede determinar la calidad y efectividad del proceso educativo.

El Deseo de Aprender

El deseo de aprender es una motivación intrínseca que impulsa a los individuos a adquirir nuevos conocimientos y habilidades. Según Deci y Ryan (2000), la motivación intrínseca es esencial para el aprendizaje profundo y sostenido. Los estudiantes que están intrínsecamente motivados tienden a ser más curiosos, persistentes y comprometidos con su educación.

Este deseo puede ser influenciado por diversos factores, incluyendo el entorno educativo, las relaciones con los docentes y el contenido del currículo. Csikszentmihalyi (1990) argumenta que el estado de "flujo", una experiencia de inmersión total en una actividad, puede fomentar el deseo de aprender. Los docentes pueden facilitar este estado proporcionando desafíos adecuados y retroalimentación positiva.

El Derecho de Enseñar

El derecho de enseñar es el reconocimiento de que los educadores tienen la autoridad y la responsabilidad de guiar el proceso de aprendizaje. Este derecho está respaldado por la formación profesional y la experiencia de los docentes, así como por el marco legal y ético que regula la educación.

Freire (1970) sostiene que la enseñanza debe ser vista como un acto de libertad y no de opresión. Los docentes tienen el derecho y el deber de crear un ambiente de aprendizaje que promueva la autonomía y el pensamiento crítico de los estudiantes. Esto implica no solo la transmisión de conocimientos, sino también la facilitación de un diálogo abierto y respetuoso.

Interacción entre el Deseo de Aprender y el Derecho de Enseñar

La interacción entre el deseo de aprender y el derecho de enseñar es fundamental para un proceso educativo exitoso. Cuando los docentes reconocen y nutren el deseo de aprender de sus estudiantes, pueden crear un ambiente de aprendizaje más efectivo y motivador. Por otro lado, los estudiantes que respetan y valoran el derecho de enseñar de sus docentes están más dispuestos a participar activamente en el proceso educativo.

Estrategias para Fomentar el Deseo de Aprender

Para fomentar el deseo de aprender, los docentes pueden emplear diversas estrategias. Una de ellas es la personalización del aprendizaje, adaptando el contenido y los métodos a las necesidades e intereses individuales de los estudiantes (Tomlinson, 2001). Además, es importante crear un ambiente de apoyo y confianza, donde los estudiantes se sientan seguros para explorar y cometer errores.

Desafíos y Barreras

A pesar de la importancia del deseo de aprender y el derecho de enseñar, existen varios desafíos y barreras que pueden dificultar su interacción. Entre ellos se encuentran las limitaciones de recursos, las políticas educativas restrictivas y las diferencias culturales. Es esencial que los educadores y los responsables de las políticas trabajen juntos para superar estos obstáculos y promover un entorno educativo inclusivo y equitativo (Banks, 2006).

El deseo de aprender y el derecho de enseñar son componentes esenciales de un proceso educativo efectivo. Al reconocer y valorar la interacción entre estos dos conceptos, los educadores pueden crear un ambiente de aprendizaje más enriquecedor y motivador para sus estudiantes.

3.1.3 El Alumnado como Sujeto Educativo

El alumnado debe ser considerado el centro del proceso educativo. Antonio Damasio (1994) en *Descartes' Error*argumenta que las emociones juegan un papel crucial en el aprendizaje y la toma de decisiones. *Morales* (2007) enfatiza que reconocer al alumnado como sujeto educativo implica entender sus necesidades emocionales y cognitivas para proporcionar un apoyo adecuado que fomente un aprendizaje efectivo.

El enfoque centrado en el estudiante es respaldado por *Brusilovsky y Millán* (2007), quienes destacan la importancia de adaptar la enseñanza a las características individuales de los estudiantes. Según *Rodríguez* (2010), un enfoque personalizado en el aula permite abordar las diversas necesidades y estilos de aprendizaje, garantizando que todos los estudiantes puedan participar plenamente y alcanzar su máximo potencial.

El alumnado es el centro del proceso educativo, y su papel como sujeto educativo es fundamental para el éxito del aprendizaje. Este enfoque reconoce que los estudiantes no son meros receptores pasivos de información, sino participantes activos en su propio desarrollo educativo.

El Rol Activo del Alumnado

El concepto de alumnado como sujeto educativo implica que los estudiantes tienen un rol activo en su aprendizaje. Según Dewey (1938), la educación debe ser un proceso participativo donde los estudiantes se involucren en actividades significativas que promuevan el pensamiento crítico y la resolución de problemas. Este enfoque constructivista sostiene que el conocimiento se construye a través de la interacción con el entorno y la reflexión sobre las experiencias.

Autonomía y Responsabilidad

La autonomía es un componente clave del alumnado como sujeto educativo. Freire (1970) argumenta que la educación debe empoderar a los estudiantes para que se conviertan en agentes de su propio aprendizaje. Esto implica fomentar la capacidad de tomar decisiones informadas, asumir responsabilidades y desarrollar habilidades de auto-regulación. La autonomía no solo mejora el rendimiento académico, sino que también prepara a los estudiantes para enfrentar los desafíos de la vida adulta.

Diversidad y Equidad

Reconocer al alumnado como sujeto educativo también implica valorar la diversidad y promover la equidad en el aula. Cada estudiante tiene un conjunto único de experiencias, habilidades y necesidades que deben ser consideradas en el proceso educativo. Banks (2006) sostiene que una educación inclusiva y equitativa es esencial para garantizar que todos los estudiantes tengan las mismas oportunidades de éxito. Esto requiere la implementación de prácticas pedagógicas que respeten y valoren las diferencias culturales, lingüísticas y socioeconómicas.

Participación y Voz del Estudiante

La participación activa de los estudiantes en el proceso educativo es crucial para su desarrollo como sujetos educativos. Según Fielding (2004), dar voz a los estudiantes y permitirles participar en la toma de decisiones educativas puede mejorar su compromiso y motivación. Esto puede lograrse a través de métodos como el aprendizaje basado en proyectos, los consejos estudiantiles y las evaluaciones participativas. Al involucrar a los estudiantes en la planificación y evaluación de su aprendizaje, se les reconoce como co-creadores del conocimiento.

Relación con el Docente

La relación entre el alumnado y el docente es un factor determinante en el proceso educativo. Pianta (1999) destaca que una relación positiva y de apoyo entre el maestro y el estudiante puede mejorar significativamente el rendimiento académico y el bienestar emocional del alumno. Los docentes deben actuar como facilitadores del aprendizaje, proporcionando orientación y apoyo mientras fomentan la independencia y la autoeficacia de los estudiantes.

Desafíos y Barreras

A pesar de la importancia de reconocer al alumnado como sujeto educativo, existen varios desafíos y barreras que pueden dificultar este enfoque. Entre ellos se encuentran las limitaciones de recursos, las políticas educativas restrictivas y las actitudes tradicionales hacia la enseñanza. Es esencial que los educadores y los responsables de las políticas trabajen juntos para superar estos obstáculos y promover un entorno educativo inclusivo y equitativo (Gay, 2000).

Conclusión

El alumnado como sujeto educativo es un enfoque que reconoce la importancia de la participación activa, la autonomía y la diversidad en el proceso de aprendizaje. Al valorar y empoderar a los estudiantes como agentes de su propio desarrollo educativo, los docentes pueden crear un ambiente de aprendizaje más enriquecedor y motivador.

3.2 El Saber Vinculado a la Experiencia y a la Vida

3.2.1 El Conocimiento Vinculado a la Experiencia y a la Vida Cotidiana

John Dewey (1938) argumenta que el aprendizaje debe estar basado en experiencias significativas. Su obra *Experience and Education* subraya que el conocimiento adquirido a través de experiencias directas es más relevante y duradero. Este enfoque se refleja en metodologías como el Aprendizaje Basado en Proyectos (ABP), que conecta el contenido curricular con situaciones reales y relevantes para los estudiantes.

En el contexto español, *Álvarez* (2014) sostiene que la integración de experiencias prácticas en el currículo es crucial para un aprendizaje auténtico. La conexión entre el conocimiento y la vida cotidiana de los estudiantes facilita una comprensión más profunda y significativa de los contenidos. Este enfoque es apoyado por la teoría del aprendizaje experiencial de *Kolb* (1984), que muestra que los estudiantes que participan en actividades prácticas tienen un mayor entendimiento y retención del contenido.

El conocimiento vinculado a la experiencia y la vida cotidiana se refiere a la comprensión y habilidades que las personas adquieren a través de sus interacciones diarias y experiencias personales. Este tipo de conocimiento es fundamental para la toma de decisiones, la resolución de problemas y la adaptación a diferentes contextos.

1. Definición y Características

El conocimiento experiencial es aquel que se obtiene a través de la práctica y la vivencia directa. A diferencia del conocimiento teórico, que se adquiere mediante el estudio y la reflexión, el conocimiento experiencial se basa en la acción y la observación. Según Kolb (1984), el aprendizaje experiencial es un proceso en el cual el conocimiento se crea a través de la transformación de la experiencia.

2. Importancia en la Vida Cotidiana

El conocimiento vinculado a la experiencia es crucial en la vida cotidiana porque permite a las personas adaptarse a situaciones nuevas y resolver problemas de manera efectiva.

Por ejemplo, una persona que ha aprendido a cocinar a través de la práctica diaria puede improvisar recetas y adaptar técnicas según los ingredientes disponibles. Este tipo de conocimiento también es esencial en el ámbito laboral, donde la experiencia práctica puede ser más valiosa que el conocimiento teórico.

3. Ejemplos de Conocimiento Experiencial

- **Cocina**: Aprender a cocinar a través de la práctica diaria.

- **Conducción**: Mejorar las habilidades de conducción con la experiencia.

- **Comunicación**: Desarrollar habilidades interpersonales a través de la interacción social.

4. Teorías del Aprendizaje Experiencial

David Kolb es uno de los teóricos más influyentes en el campo del aprendizaje experiencial. Su modelo de aprendizaje experiencial (1984) se basa en un ciclo de cuatro etapas: experiencia concreta, observación reflexiva, conceptualización abstracta y experimentación activa. Este ciclo permite a los individuos transformar sus experiencias en conocimiento.

5. Aplicaciones Prácticas

El conocimiento experiencial tiene aplicaciones prácticas en diversos campos. En la educación, se promueve el aprendizaje basado en proyectos y la enseñanza práctica para facilitar la adquisición de habilidades. En el ámbito empresarial, las empresas valoran la experiencia laboral y fomentan el aprendizaje continuo a través de la práctica.

El conocimiento vinculado a la experiencia y la vida cotidiana es esencial para el desarrollo personal y profesional. A través de la práctica y la vivencia directa, las personas pueden adquirir habilidades y conocimientos que les permiten adaptarse y prosperar en diferentes contextos.

3.2.2 La Educación Afectiva-Emocional

La educación debe abordar no solo el desarrollo cognitivo, sino también el afectivo y emocional. Daniel Goleman (1995) destaca la importancia de la inteligencia emocional, que incluye habilidades como la empatía y la autorregulación. *Palacios* (2008) refuerza esta idea, señalando que las competencias emocionales son fundamentales para el bienestar integral del estudiante y el éxito académico.

La investigación de *Zins, Weissberg, Wang y Walberg* (2004) también apoya la importancia de la educación emocional. Según *Pérez* (2011), los programas de educación emocional no solo mejoran el rendimiento académico, sino que también fomentan habilidades sociales y emocionales que son esenciales para el desarrollo personal y social de los estudiantes.

La educación afectiva-emocional se refiere al proceso de enseñar y aprender habilidades emocionales y sociales que permiten a los individuos comprender y gestionar sus emociones, establecer relaciones saludables y tomar decisiones responsables. Este enfoque educativo es fundamental para el desarrollo integral de los estudiantes, ya que promueve el bienestar emocional y social.

1. Definición y Objetivos

La educación afectiva-emocional tiene como objetivo principal el desarrollo de la inteligencia emocional, que incluye habilidades como la autoconciencia, la autorregulación, la motivación, la empatía y las habilidades sociales (Goleman, 1995). Según Bastidas-Amador et al. (2023), la educación afectiva es una alternativa pedagógica que busca desarrollar habilidades emocionales y sociales en los estudiantes, valorando su relevancia en el contexto educativo.

2. Importancia en el Proceso de Aprendizaje

La inclusión de la educación emocional en el currículo escolar es esencial para el desarrollo integral de los estudiantes. Rodríguez (2023) destaca que la educación emocional permite a los alumnos reconocer, comprender y regular sus propias emociones, lo que mejora su rendimiento académico y bienestar general. Además, fomenta un clima de convivencia positivo en el aula, donde los estudiantes se sienten seguros y respetados.

3. Componentes de la Educación Afectiva-Emocional

- **Autoconciencia**: Capacidad de reconocer y comprender las propias emociones.
- **Autorregulación**: Habilidad para gestionar y controlar las emociones de manera adecuada.
- **Motivación**: Capacidad de utilizar las emociones para alcanzar metas.
- **Empatía**: Habilidad para comprender y compartir los sentimientos de los demás.
- **Habilidades Sociales**: Capacidad para establecer y mantener relaciones saludables.

4. Estrategias para Implementar la Educación Afectiva-Emocional

Para implementar la educación afectiva-emocional en el aula, es importante crear un ambiente seguro y acogedor, integrar actividades emocionales en el currículo y fomentar la comunicación y la resolución de conflictos (Rodríguez, 2023). Algunas estrategias efectivas incluyen:

- **Juegos de rol**: Permiten a los estudiantes practicar la empatía y la resolución de conflictos.
- **Diarios emocionales**: Ayudan a los estudiantes a reflexionar sobre sus emociones y experiencias.
- **Técnicas de relajación**: Enseñan a los estudiantes a manejar el estrés y la ansiedad.

5. Beneficios de la Educación Afectiva-Emocional

La eduáción afectiva-emocional tiene numerosos beneficios, tanto a nivel personal como académico. Según Bastidas-Amador et al. (2023), esta educación permite a los estudiantes comprender y gestionar sus propias emociones, lo que contribuye a su éxito futuro en la vida personal y profesional. Además, mejora la salud mental y el bienestar general de los estudiantes.

La educación afectiva-emocional es esencial para el desarrollo integral de los estudiantes. A través de la enseñanza de habilidades emocionales y sociales, los estudiantes pueden mejorar su bienestar emocional, establecer relaciones saludables y tener éxito en su vida personal y profesional. La implementación de estrategias efectivas en el aula puede fomentar un ambiente de aprendizaje positivo y enriquecedor.

3.2.3 La Convivencia y la Resolución de Conflictos

La convivencia en el entorno escolar es fundamental para un ambiente de aprendizaje positivo. Johnson y Johnson (1996) destacan que la enseñanza de habilidades de resolución de conflictos puede mejorar significativamente la convivencia escolar. *Gómez* (2013) argumenta que la implementación de estrategias de mediación y resolución de conflictos contribuye a un ambiente de respeto y cooperación entre los estudiantes.

La investigación sobre la resolución de conflictos en el ámbito escolar también es respaldada por *Deutsch* (1973). En el contexto español, *Sánchez* (2012) enfatiza que la enseñanza de habilidades de resolución de conflictos debe ser una parte integral del currículo para promover una cultura escolar positiva y colaborativa.

La convivencia y la resolución de conflictos son aspectos fundamentales para el desarrollo de relaciones saludables y armoniosas en cualquier comunidad. La convivencia se refiere a la capacidad de vivir juntos en paz y armonía, mientras que la resolución de conflictos implica la habilidad de manejar y resolver desacuerdos de manera constructiva.

1. Definición y Conceptos Clave

La convivencia es el arte de vivir en comunidad, respetando las diferencias y promoviendo la cooperación y el entendimiento mutuo. Según Zaitegi (2024), la convivencia positiva se basa en valores como el respeto, la tolerancia y la empatía. La resolución de conflictos, por otro lado, es el proceso mediante el cual las partes en desacuerdo encuentran soluciones pacíficas y mutuamente aceptables. Este proceso puede incluir la mediación, la negociación y el diálogo abierto.

2. Importancia de la Convivencia y la Resolución de Conflictos

La convivencia y la resolución de conflictos son esenciales para el bienestar social y emocional de los individuos. Un ambiente de convivencia positiva fomenta el sentido de pertenencia y seguridad, mientras que la capacidad de resolver conflictos de manera efectiva reduce el estrés y la violencia. Según Gómez Ortega (2024), la ética y el comportamiento en la resolución de conflictos son cruciales para lograr una convivencia armoniosa.

3. Estrategias para Promover la Convivencia

- **Educación en Valores**: Inculcar valores como el respeto, la empatía y la tolerancia desde una edad temprana.

- **Comunicación Asertiva**: Fomentar la expresión abierta y respetuosa de pensamientos y sentimientos.

- **Actividades Colaborativas**: Promover actividades que requieran cooperación y trabajo en equipo.

4. Métodos de Resolución de Conflictos

- **Mediación**: Un tercero neutral ayuda a las partes a encontrar una solución mutuamente aceptable.

- **Negociación**: Las partes involucradas discuten directamente para llegar a un acuerdo.

- **Arbitraje**: Un árbitro toma una decisión vinculante para resolver el conflicto.

5. Beneficios de una Buena Convivencia y Resolución de Conflictos

La convivencia positiva y la resolución efectiva de conflictos tienen numerosos beneficios, tanto a nivel individual como comunitario. Según Zaitegi (2024), estos incluyen la mejora de la salud mental, el aumento de la cohesión social y la reducción de la violencia. Además, las habilidades de resolución de conflictos son valiosas en el ámbito laboral, donde pueden mejorar la productividad y las relaciones interpersonales.

6. Desafíos y Soluciones

A pesar de los beneficios, promover la convivencia y la resolución de conflictos puede presentar desafíos. La diversidad cultural, las diferencias de opinión y la falta de habilidades de comunicación pueden dificultar estos procesos. Sin embargo, la educación y la formación en habilidades sociales y emocionales pueden ayudar a superar estos obstáculos. Gómez Ortega (2024) destaca la importancia de la ética en la mediación y la necesidad de un comportamiento imparcial y respetuoso.

La convivencia y la resolución de conflictos son esenciales para el desarrollo de comunidades saludables y armoniosas. A través de la educación en valores, la promoción de la comunicación asertiva y la implementación de métodos efectivos de resolución de conflictos es posible crear un ambiente de convivencia positiva. La ética y el comportamiento adecuado juegan un papel crucial en este proceso, garantizando que las soluciones sean justas y equitativas para todas las partes involucradas.

3.3 Organización y Estructura en el Aula

3.3.1 Espacios de Aula, Organización de la Actividad y Estructura de las Tareas Académicas

El diseño y la organización del aula son fundamentales para el aprendizaje. Maria Montessori (1912) sostiene que un entorno bien diseñado puede fomentar la independencia y el aprendizaje activo. *Méndez* (2015) complementa esta idea, destacando que la disposición del espacio y el mobiliario deben adaptarse a las necesidades de los estudiantes para maximizar su participación y compromiso.

La importancia del entorno de aprendizaje bien diseñado es corroborada por *Barrett et al.* (2015), quienes encuentran que características como la iluminación y la disposición del aula afectan el rendimiento académico. En el contexto español, *Serrano* (2016) argumenta que la creación de un entorno de aprendizaje estimulante y flexible es clave para promover un ambiente educativo positivo y eficaz.

La organización del espacio en el aula, la planificación de las actividades y la estructura de las tareas académicas son elementos clave para crear un ambiente de aprendizaje efectivo y estimulante. Estos aspectos influyen directamente en la motivación, el rendimiento y el bienestar de los estudiantes.

1. Espacios de Aula

El diseño y la organización del espacio en el aula son fundamentales para facilitar el aprendizaje. Un aula bien organizada debe incluir diferentes zonas que respondan a las necesidades de los estudiantes y las actividades que se van a desarrollar. Según Orientanet (2024), algunos de los espacios imprescindibles en un aula incluyen:

- **Zona de trabajo colectivo**: Para actividades en grupo y discusiones.
- **Biblioteca de aula**: Un espacio dedicado a la lectura y la consulta de materiales.
- **Zona lúdica**: Para actividades recreativas y de descanso.
- **Zona de exposición**: Donde los estudiantes pueden mostrar sus trabajos.
- **Zona de trabajo individual**: Para tareas que requieren concentración y trabajo autónomo.
- **Expresión plástica**: Un área para actividades artísticas y creativas.

2. Organización de la Actividad

La organización de las actividades en el aula debe ser flexible y adaptarse a las necesidades de los estudiantes. Es importante establecer rutinas claras y coherentes que ayuden a los estudiantes a saber qué se espera de ellos en cada momento. Según la Universidad de Murcia (2024), la organización espacio-temporal del aula debe considerar:

- **Rincones de actividad**: Espacios específicos para diferentes tipos de actividades, como lectura, juegos, ciencia, etc.

- **Talleres**: Actividades prácticas y colaborativas que fomentan el aprendizaje activo.

- **Rutinas diarias**: Establecer horarios y procedimientos claros para las actividades diarias.

3. Estructura de las Tareas Académicas

La estructura de las tareas académicas debe ser clara y coherente, facilitando la comprensión y el cumplimiento por parte de los estudiantes. Algunas estrategias para estructurar las tareas de manera efectiva incluyen:

- **Instrucciones claras**: Proporcionar indicaciones precisas y detalladas sobre lo que se espera de los estudiantes.

- **Objetivos específicos**: Definir claramente los objetivos de cada tarea para que los estudiantes comprendan su propósito.

- **Retroalimentación continua**: Ofrecer comentarios y sugerencias para mejorar el rendimiento de los estudiantes.

- **Variedad de tareas**: Incluir diferentes tipos de actividades (escritas, orales, prácticas) para atender a diversos estilos de aprendizaje.

4. Beneficios de una Buena Organización

Una buena organización del espacio, las actividades y las tareas académicas tiene numerosos beneficios. Según Educativos para (2024), estos incluyen:

- **Mejora del rendimiento académico**: Un ambiente bien organizado facilita la concentración y el aprendizaje.

- **Aumento de la motivación**: Los estudiantes se sienten más motivados en un entorno estructurado y estimulante.

- **Desarrollo de habilidades sociales**: La organización de actividades colaborativas fomenta la interacción y el trabajo en equipo.

- **Reducción del estrés**: Un aula ordenada y bien planificada reduce la ansiedad y el estrés de los estudiantes.

5. Desafíos y Soluciones

A pesar de los beneficios, la organización del aula y la planificación de actividades pueden presentar desafíos. La diversidad de necesidades y estilos de aprendizaje de los estudiantes requiere una planificación cuidadosa y flexible. Algunas soluciones incluyen:

- **Evaluación continua**: Revisar y ajustar la organización del aula y las actividades según las necesidades cambiantes de los estudiantes.

- **Formación docente**: Capacitar a los profesores en estrategias de organización y gestión del aula.

- **Participación estudiantil**: Involucrar a los estudiantes en la planificación y organización del aula para fomentar un sentido de pertenencia y responsabilidad.

La organización del espacio en el aula, la planificación de las actividades y la estructura de las tareas académicas son esenciales para crear un ambiente de aprendizaje efectivo. A través de una planificación cuidadosa y flexible, es posible atender a las diversas necesidades de los estudiantes y promover un aprendizaje significativo y motivador.

3.3.2 El Trabajo Colaborativo

El trabajo colaborativo es un enfoque educativo que promueve la interacción social y el aprendizaje activo. Lev Vygotsky (1978) destaca la importancia del aprendizaje social y la zona de desarrollo próximo, donde los estudiantes aprenden mejor en colaboración con otros. *Pérez* (2011) sostiene que el trabajo en grupo no solo facilita el aprendizaje de contenido, sino que también desarrolla habilidades sociales y emocionales en los estudiantes.

La efectividad del trabajo colaborativo es apoyada por *Johnson, Johnson y Holubec* (1994), quienes encuentran que el aprendizaje cooperativo mejora el rendimiento académico y el clima del aula. *García* (2018) subraya que las estrategias de trabajo colaborativo deben ser implementadas de manera sistemática en el aula para maximizar sus beneficios.

El trabajo colaborativo es una metodología educativa y profesional que se basa en la cooperación y la interacción entre individuos para alcanzar objetivos comunes. Esta forma de trabajo es esencial en el contexto actual, donde la complejidad de las tareas y la necesidad de diversas habilidades hacen que la colaboración sea fundamental.

1. Definición y Características

El trabajo colaborativo implica la participación activa de todos los miembros de un grupo, quienes comparten responsabilidades y se apoyan mutuamente para lograr un objetivo común. Según Johnson y Johnson (1999), el trabajo colaborativo se caracteriza por la interdependencia positiva, la responsabilidad individual y grupal, la interacción promotora, el uso de habilidades interpersonales y de grupo, y la evaluación grupal.

2. Importancia del Trabajo Colaborativo

El trabajo colaborativo es crucial tanto en el ámbito educativo como en el profesional. En la educación, fomenta el desarrollo de habilidades sociales y emocionales, mejora el rendimiento académico y promueve el aprendizaje activo. En el ámbito laboral, facilita la innovación, mejora la productividad y fortalece las relaciones interpersonales. Según Slavin (2011), el aprendizaje colaborativo mejora el rendimiento académico y las habilidades sociales de los estudiantes.

3. Estrategias para Implementar el Trabajo Colaborativo

Para implementar el trabajo colaborativo de manera efectiva, es importante seguir ciertas estrategias:

- **Formación de Grupos**: Crear grupos heterogéneos que incluyan a individuos con diferentes habilidades y perspectivas.

- **Definición de Roles**: Asignar roles específicos a cada miembro del grupo para asegurar la participación equitativa.

- **Establecimiento de Objetivos Claros**: Definir objetivos claros y alcanzables para guiar el trabajo del grupo.

- **Fomento de la Comunicación Abierta**: Promover la comunicación abierta y respetuosa entre los miembros del grupo.

- **Evaluación Continua**: Realizar evaluaciones continuas para monitorear el progreso y hacer ajustes necesarios.

4. Beneficios del Trabajo Colaborativo

El trabajo colaborativo ofrece numerosos beneficios, tanto a nivel individual como grupal. Entre estos beneficios se incluyen:

- **Desarrollo de Habilidades Sociales**: Mejora las habilidades de comunicación, negociación y resolución de conflictos.

- **Aumento de la Motivación**: La colaboración y el apoyo mutuo aumentan la motivación y el compromiso de los miembros del grupo.

- **Mejora del Rendimiento**: La combinación de diferentes habilidades y perspectivas puede llevar a soluciones más creativas y efectivas.

- **Fomento de la Innovación**: La interacción entre individuos con diferentes antecedentes y conocimientos puede generar nuevas ideas y enfoques.

5. Desafíos del Trabajo Colaborativo

A pesar de sus beneficios, el trabajo colaborativo también presenta desafíos. Algunos de estos desafíos incluyen la falta de coordinación, los conflictos interpersonales y la desigualdad en la participación. Para superar estos desafíos, es importante establecer normas claras, fomentar la comunicación abierta y proporcionar apoyo y formación en habilidades de colaboración.

El trabajo colaborativo es una metodología esencial en el contexto educativo y profesional actual. A través de la cooperación y la interacción, los individuos pueden alcanzar objetivos comunes de manera más efectiva y desarrollar habilidades sociales y emocionales cruciales. La implementación de estrategias efectivas y la superación de los desafíos asociados pueden maximizar los beneficios del trabajo colaborativo.

3.3.3 La Atención a la Diversidad

La atención a la diversidad es fundamental en el aula. Mel Ainscow (2005) argumenta que la educación inclusiva implica adaptar la enseñanza para satisfacer las necesidades de todos los estudiantes. En el contexto español, *López* (2013) sostiene que la atención a la diversidad requiere enfoques pedagógicos que consideren las diferencias individuales y promuevan una participación equitativa.

La investigación sobre educación inclusiva apoya la idea de que las estrategias inclusivas pueden mejorar el rendimiento académico y el bienestar de los estudiantes. *Martínez* (2017) enfatiza la necesidad de implementar prácticas pedagógicas inclusivas para garantizar que todos los estudiantes tengan acceso a una educación de calidad.

La atención a la diversidad es un principio fundamental en la educación moderna que busca reconocer y valorar las diferencias individuales de los estudiantes para proporcionar una educación equitativa e inclusiva. Este enfoque se basa en la premisa de que todos los estudiantes, independientemente de sus características personales, sociales o culturales, tienen derecho a una educación de calidad que responda a sus necesidades específicas.

Concepto de Diversidad

La diversidad en el contexto educativo se refiere a la variedad de características que pueden diferenciar a los estudiantes, incluyendo diferencias culturales, lingüísticas, socioeconómicas, de género, capacidades físicas y cognitivas, entre otras (Banks, 2006). La atención a la diversidad implica reconocer estas diferencias y adaptar las prácticas educativas para asegurar que todos los estudiantes tengan las mismas oportunidades de éxito.

Importancia de la Atención a la Diversidad

La atención a la diversidad es crucial para promover la equidad y la inclusión en el sistema educativo. Según Ainscow (2005), una educación inclusiva no solo beneficia a los estudiantes que presentan necesidades educativas especiales, sino que también enriquece el ambiente de aprendizaje para todos los estudiantes. Al valorar y respetar las diferencias individuales, se fomenta un clima de respeto y comprensión mutua que es esencial para el desarrollo personal y social de los estudiantes.

Estrategias para la Atención a la Diversidad

Existen diversas estrategias que los docentes pueden emplear para atender la diversidad en el aula. Una de las más efectivas es la diferenciación de la enseñanza, que implica adaptar el contenido, los procesos y los productos de aprendizaje para responder a las necesidades individuales de los estudiantes (Tomlinson, 2001). Esto puede incluir el uso de materiales y recursos variados, la implementación de diferentes métodos de enseñanza y la provisión de apoyos adicionales para aquellos estudiantes que lo necesiten.

Otra estrategia importante es la creación de un ambiente de aprendizaje inclusivo. Esto implica no solo la adaptación física del espacio, sino también la promoción de actitudes y valores inclusivos entre los estudiantes y el personal educativo. Según Booth y Ainscow (2011), un ambiente inclusivo es aquel que valora la diversidad y fomenta la participación activa de todos los estudiantes en el proceso educativo.

Desafíos en la Atención a la Diversidad

A pesar de los avances en la atención a la diversidad, existen varios desafíos que pueden dificultar su implementación efectiva. Entre ellos se encuentran las limitaciones de recursos, la falta de formación adecuada para los docentes y las actitudes negativas hacia la diversidad. Es esencial que los responsables de las políticas educativas y los líderes escolares trabajen juntos para superar estos obstáculos y promover una educación inclusiva y equitativa (UNESCO, 2009).

La atención a la diversidad es un enfoque esencial para garantizar una educación equitativa e inclusiva. Al reconocer y valorar las diferencias individuales de los estudiantes, los docentes pueden crear un ambiente de aprendizaje más enriquecedor y motivador. La implementación de estrategias efectivas y la superación de los desafíos existentes son cruciales para lograr una educación que responda a las necesidades de todos los estudiantes.

3.3.4 Seguimiento y Orientación de los Aprendizajes

El seguimiento y la orientación de los aprendizajes son esenciales para el progreso de los estudiantes. John Hattie y Helen Timperley (2007) destacan que la retroalimentación efectiva y el apoyo individualizado pueden mejorar significativamente el rendimiento y la motivación de los estudiantes. *García* (2016) argumenta que el seguimiento continuo del progreso académico permite ajustar la enseñanza y ofrecer apoyo adicional cuando es necesario.

La importancia del seguimiento y la orientación también es respaldada por *Wiliam* (2011), quien señala que la evaluación formativa y el monitoreo constante del aprendizaje son fundamentales para identificar y abordar las necesidades educativas de los estudiantes.

El seguimiento y la orientación de los aprendizajes son componentes esenciales en el proceso educativo, ya que permiten evaluar el progreso de los estudiantes y proporcionarles el apoyo necesario para alcanzar sus objetivos académicos. Este proceso implica una serie de estrategias y herramientas que facilitan la identificación de las necesidades individuales de los estudiantes y la implementación de intervenciones adecuadas.

1. Importancia del Seguimiento de los Aprendizajes

El seguimiento de los aprendizajes se refiere a la evaluación continua del progreso de los estudiantes a lo largo del tiempo. Según Black y Wiliam (1998), la evaluación formativa es crucial para mejorar el rendimiento académico, ya que proporciona información valiosa sobre las fortalezas y debilidades de los estudiantes. Esta información permite a los docentes ajustar sus estrategias de enseñanza y ofrecer retroalimentación constructiva.

2. Estrategias de Seguimiento

Existen diversas estrategias para llevar a cabo el seguimiento de los aprendizajes. Entre ellas se encuentran:

Evaluaciones Diagnósticas: Estas evaluaciones se realizan al inicio de un curso o unidad para identificar el nivel de conocimiento previo de los estudiantes (Gagné, 1985).

Evaluaciones Formativas: Se llevan a cabo durante el proceso de enseñanza-aprendizaje y tienen como objetivo proporcionar retroalimentación continua (Black & Wiliam, 1998).

Portafolios de Aprendizaje: Son colecciones de trabajos de los estudiantes que muestran su progreso a lo largo del tiempo (Paulson, Paulson & Meyer, 1991).

3. Orientación de los Aprendizajes

La orientación de los aprendizajes implica guiar a los estudiantes en su proceso educativo, ayudándoles a desarrollar habilidades y competencias necesarias para su éxito académico y personal. Según Zimmerman (2002), la auto-regulación es un componente clave en la orientación de los aprendizajes, ya que permite a los estudiantes tomar control de su propio proceso de aprendizaje.

4. Técnicas de Orientación

Algunas técnicas efectivas de orientación incluyen:

Tutorías Personalizadas: Sesiones individuales o en pequeños grupos donde se abordan las necesidades específicas de los estudiantes (Topping, 1996).

Planes de Aprendizaje Individualizados: Documentos que detallan los objetivos de aprendizaje y las estrategias para alcanzarlos (Tomlinson, 2001).

Mentoría: Relación entre un estudiante y un mentor que proporciona apoyo y orientación (Jacobi, 1991).

5. Beneficios del Seguimiento y la Orientación

El seguimiento y la orientación de los aprendizajes ofrecen numerosos beneficios, entre los que se destacan:

Mejora del Rendimiento Académico: La retroalimentación continua y las intervenciones personalizadas contribuyen a un mejor desempeño académico (Hattie & Timperley, 2007).

Desarrollo de Habilidades de Auto-regulación: Los estudiantes aprenden a gestionar su propio aprendizaje, lo que les prepara para el éxito a largo plazo (Zimmerman, 2002).

Reducción de la Deserción Escolar: La identificación temprana de dificultades y la provisión de apoyo adecuado pueden prevenir el abandono escolar (Finn, 1989).

3.4 Evaluación

La Evaluación como un Proceso Formativo

La evaluación formativa es un componente clave en el proceso educativo. Black y Wiliam (1998) argumentan que la evaluación formativa proporciona información continua sobre el progreso de los estudiantes y ayuda a ajustar la enseñanza para mejorar el aprendizaje. *Suárez* (2012) refuerza esta idea, subrayando que la evaluación formativa debe ser un proceso continuo y adaptativo que informe las prácticas pedagógicas.

La evaluación formativa también es respaldada por *Hattie* (2009), quien encuentra que la retroalimentación es una de las estrategias más efectivas para mejorar el aprendizaje. *Fernández* (2014) sostiene que la retroalimentación efectiva debe ser específica, oportuna y orientada a mejorar el rendimiento, proporcionando a los estudiantes información valiosa sobre su progreso y áreas de mejora.

3.3.5 Evaluación del Alumnado, del Currículo y de las Actuaciones Docentes

La evaluación debe abarcar no solo el rendimiento del alumnado, sino también la efectividad del currículo y las prácticas docentes. Michael Scriven (1967) introduce el concepto de evaluación formativa y sumativa, destacando la importancia de evaluar todos los aspectos del proceso educativo para asegurar una educación de calidad. En el contexto español, *Martínez* (2015) enfatiza la necesidad de una evaluación integral que permita identificar áreas de mejora y adaptar las estrategias de enseñanza.

La evaluación del currículo y de las actuaciones docentes es crucial para garantizar que el contenido y los métodos de enseñanza sean efectivos y pertinentes. *García* (2018) sugiere que la evaluación debe ser sistemática y basada en evidencia para asegurar que las prácticas educativas cumplan con sus objetivos y necesidades.

3.3.6 El Fracaso Escolar

El fracaso escolar es un desafío significativo que requiere una comprensión profunda de sus causas y la implementación de estrategias efectivas para abordarlo. Pierre Bourdieu y Jean-Claude Passeron (1970) argumentan que las desigualdades sociales y culturales pueden contribuir significativamente al fracaso escolar. En el contexto español, *Ramos* (2011) sostiene que el fracaso escolar está influenciado por factores como el contexto socioeconómico y el acceso a recursos educativos.

Para abordar el fracaso escolar, es esencial adoptar un enfoque inclusivo y equitativo. *Fernández* (2018) destaca la importancia de identificar y superar las barreras que enfrentan los estudiantes en riesgo de fracaso, ofreciendo apoyo adicional y estrategias de intervención para mejorar su rendimiento académico y promover la equidad en el sistema educativo.

Tema 4. Ser Maestra, Ser Maestro

4.1 El Oficio de Maestra y Maestro

4.1.1 Buenas Prácticas Docentes

Las buenas prácticas docentes están fundamentadas en la investigación educativa y la experiencia profesional, y su objetivo es optimizar el proceso de enseñanza y aprendizaje. Estas prácticas abarcan varios aspectos cruciales de la enseñanza:

Planificación Efectiva: La planificación es esencial para asegurar que el proceso educativo se desarrolle de manera ordenada y coherente. **Marzano** (2003) identifica que una planificación efectiva incluye la definición clara de objetivos, la selección de contenidos pertinentes y la adaptación de métodos didácticos a las características del alumnado. Además, una planificación adecuada permite prever posibles dificultades y diseñar estrategias para abordarlas.

Gestión del Aula: La gestión del aula es otro componente clave en las buenas prácticas docentes. Según **Wang, Haertel y Walberg** (1993), una gestión eficaz del aula promueve un ambiente de aprendizaje positivo y ordenado, lo cual es fundamental para el éxito académico de los estudiantes. La capacidad de los docentes para establecer normas claras, gestionar el tiempo y mantener una relación positiva con los estudiantes influye significativamente en el clima del aula y en el aprendizaje.

Evaluación Formativa: La evaluación formativa es una herramienta crucial para el desarrollo del alumnado. **Black y Wiliam** (1998) argumentan que la evaluación formativa proporciona retroalimentación continua a los estudiantes, lo que les permite comprender sus fortalezas y áreas de mejora. Esta retroalimentación es fundamental para ajustar las estrategias de enseñanza y promover un aprendizaje más efectivo.

Metodologías Activas: El uso de metodologías activas, como el aprendizaje basado en proyectos y el aprendizaje cooperativo, involucra a los estudiantes de manera activa en su proceso de aprendizaje. **Johnson y Johnson** (1999) destacan que las metodologías activas no solo fomentan un mayor compromiso de los estudiantes, sino que también mejoran sus habilidades de trabajo en equipo y resolución de problemas.

4.1.2 La Práctica Reflexiva Emancipadora

Donald Schön (1983) introdujo el concepto de "práctica reflexiva" en el campo de la educación, argumentando que los docentes deben reflexionar sobre su propia práctica para mejorarla continuamente. Schön sostiene que la reflexión permite a los docentes identificar sus fortalezas y debilidades, adaptar sus estrategias pedagógicas y desarrollar una comprensión más profunda de su práctica.

La práctica reflexiva se basa en un proceso de "reflexión en acción" y "reflexión sobre la acción". La "reflexión en acción" ocurre durante la práctica educativa y permite a los docentes ajustar su enseñanza en tiempo real, mientras que la "reflexión sobre la acción" ocurre después de la enseñanza y permite una evaluación más profunda y sistemática (Schön, 1983).

Gimeno Sacristán (2004) refuerza la importancia de la práctica reflexiva en la formación docente, señalando que la reflexión crítica permite a los docentes cuestionar y mejorar sus prácticas pedagógicas. Según Gimeno Sacristán, esta reflexión debe estar integrada en la formación y el desarrollo profesional continuo, promoviendo una enseñanza más efectiva y adaptada a las necesidades cambiantes del alumnado.

4.1.3 La Autonomía Profesional y la Coordinación con la Comunidad Educativa

La **autonomía profesional** es crucial para que los docentes puedan tomar decisiones informadas sobre su práctica educativa. **Hargreaves y Fullan** (2012) argumentan que la autonomía permite a los docentes adaptar sus enfoques pedagógicos a las necesidades específicas de sus estudiantes y a su propio contexto educativo.

Sin embargo, la autonomía profesional debe ir acompañada de una **coordinación efectiva con la comunidad educativa**. La colaboración entre docentes, familias y otros actores educativos es fundamental para crear un entorno de aprendizaje coherente y colaborativo. **Hargreaves** (1994) señala que la coordinación y la colaboración pueden mejorar la calidad de la educación al permitir un enfoque más integrado y coherente en el proceso educativo.

Gimeno Sacristán (2006) también destaca la importancia de la colaboración y la comunicación entre los miembros de la comunidad educativa para lograr una educación de calidad. Según Gimeno Sacristán, la coordinación efectiva con la comunidad educativa contribuye a la creación de un ambiente de apoyo y a la implementación exitosa de las políticas y prácticas educativas.

4.2 Prácticas Curriculares Innovadoras

4.2.1 La Innovación Curricular

La **innovación curricular** se refiere a la adopción de nuevas metodologías y enfoques pedagógicos con el objetivo de mejorar el aprendizaje. Esta innovación puede incluir diversas prácticas y estrategias:

Aprendizaje Basado en Proyectos: El aprendizaje basado en proyectos (ABP) es una metodología que permite a los estudiantes trabajar en proyectos reales y significativos. **Thomas** (2000) señala que el ABP fomenta el pensamiento crítico, la creatividad y el trabajo en equipo. Esta metodología también permite a los estudiantes aplicar conocimientos en contextos prácticos, lo que mejora la retención y comprensión del contenido.

Gamificación: La gamificación implica la incorporación de elementos de juego en el proceso educativo para aumentar la motivación y el compromiso de los estudiantes. **Deterding et al.** (2011) argumentan que la gamificación puede mejorar la

74

participación y el rendimiento de los estudiantes al hacer que el aprendizaje sea más interactivo y divertido.

Uso de Tecnologías Emergentes: La integración de tecnologías emergentes, como las herramientas digitales y los entornos virtuales de aprendizaje, puede enriquecer la experiencia educativa. **Kukulska-Hulme** (2012) señala que el uso de tecnologías emergentes puede facilitar la personalización del aprendizaje y proporcionar nuevas oportunidades para la interacción y la colaboración.

4.2.2 La Coeducación, la Sostenibilidad y la Interculturalidad en el Currículo

Coeducación: La coeducación busca promover la igualdad de género y la inclusión en la educación. **Gómez** (2008) argumenta que la coeducación es esencial para combatir estereotipos de género y fomentar una cultura de igualdad desde una edad temprana. La implementación de políticas de coeducación en el currículo contribuye a crear un entorno educativo más inclusivo y equitativo.

Sostenibilidad: La educación para la sostenibilidad es fundamental para preparar a los estudiantes para enfrentar los desafíos ambientales y promover prácticas sostenibles. **UNESCO** (2017) destaca que la integración de la sostenibilidad en el currículo ayuda a desarrollar una conciencia ambiental y habilidades para la toma de decisiones responsables.

Interculturalidad: La interculturalidad es un componente clave en un currículo moderno, ya que promueve la comprensión y el respeto por la diversidad cultural. **Banks** (2006) sostiene que un currículo intercultural contribuye a preparar a los estudiantes para vivir en una sociedad diversa y globalizada, fomentando la empatía y el entendimiento mutuo.

4.2.3 El Centro como Unidad de Innovación

El centro educativo debe funcionar como una unidad de innovación, donde se promuevan nuevas ideas y prácticas para mejorar la educación. **Fullan** (2001) argumenta que los centros educativos innovadores son aquellos que fomentan una cultura de cambio y mejora continua, donde los docentes colaboran y experimentan con nuevas metodologías.

Gimeno Sacristán (2006) también destaca la importancia de la innovación en el centro educativo, señalando que la investigación y la colaboración entre docentes son fundamentales para promover un entorno de aprendizaje innovador. La implementación de prácticas innovadoras en el centro educativo puede mejorar la calidad de la enseñanza y el aprendizaje.

4.3 Investigación y Desarrollo Profesional

4.3.1 La Investigación sobre la Práctica Educativa

Investigación Acción: La investigación acción es una metodología que involucra a los docentes en un proceso cíclico de planificación, acción, observación y reflexión. **Kemmis y McTaggart** (1988) argumentan que la investigación acción permite a los docentes mejorar su práctica basándose en la evidencia y la experiencia.

La investigación acción se centra en problemas específicos del aula y busca soluciones prácticas que puedan ser implementadas y evaluadas. Este enfoque participativo fomenta la reflexión crítica y la mejora continua en la práctica educativa.

Gimeno Sacristán (2004) también resalta la importancia de la investigación en la práctica educativa, señalando que la investigación acción puede ayudar a los docentes a comprender mejor sus prácticas y a desarrollar estrategias efectivas para mejorar el aprendizaje de los estudiantes.

4.3.2 La Formación y el Desarrollo Profesional del Profesorado

Formación Continua: La formación continua es esencial para el desarrollo profesional de los docentes. **Darling-Hammond** (2000) argumenta que la formación debe ser relevante, basada en la investigación y centrada en la práctica para ser efectiva. La formación continua permite a los docentes actualizar sus conocimientos, adquirir nuevas habilidades y mejorar su práctica pedagógica.

Gimeno Sacristán (2006) también destaca la importancia de la formación continua en el desarrollo profesional, señalando que la formación debe estar alineada con las necesidades y contextos educativos de los docentes. La formación continua debe ser vista como un proceso integral y sistemático que contribuye a la mejora de la calidad educativa.

Referencias Bibliográficas

Aebli, H. (1983). Doce formas básicas de enseñar: Una didáctica basada en la psicología. Narcea.

Adler, M. J. (1982). The Paideia Proposal: An Educational Manifesto. Macmillan.

Ainscow, M. (2005). Developing inclusive education systems: What are the levers for change? Journal of Educational Change, 6(2), 109-124.

Apple, M. W. (1979). Ideology and Curriculum. Routledge.

Apple, M. W. (1996). Cultural Politics and Education. Teachers College Press.

Banks, J. A. (2006). Cultural Diversity and Education: Foundations, Curriculum, and Teaching. Pearson.

Banks, J. A. (2008). An Introduction to Multicultural Education. Pearson.

Black, P., & Wiliam, D. (1998). Assessment and classroom learning. Assessment in Education: Principles, Policy & Practice, 5(1), 7-74.

Bloom, B. S. (1956). Taxonomy of Educational Objectives: The Classification of Educational Goals. David McKay Company.

Bourdieu, P., & Passeron, J. C. (1970). La Reproduction: Éléments pour une théorie du système d'enseignement. Paris: Les Éditions de Minuit.

Bruner, J. (1960). The Process of Education. Harvard University Press.

Capra, F. (1996). The Web of Life: A New Scientific Understanding of Living Systems. Anchor Books.

Camilloni, A. R., Celman, S., Litwin, E., & Palou de Maté, M. C. (2007). La evaluación de los aprendizajes en el debate didáctico contemporáneo. Paidós.

Coll, C. (1991). Psicología y currículum: Una aproximación psicopedagógica a la elaboración del currículum escolar. Laia.

Coll, C. (1992). Psicología y currículo: Una aproximación psicopedagógica a la elaboración del currículo escolar. Laia.

Comenio, J. A. (1657). Didactica Magna.

Darling-Hammond, L. (2000). Teacher quality and student achievement: A review of state policy evidence. Education Policy Analysis Archives, 8(1), 1-44.

Deci, E. L., & Ryan, R. M. (2000). The "what" and "why" of goal pursuits: Human needs and the self-determination of behavior. Psychological Inquiry, 11(4), 227-268.

Deterding, S., Dixon, D., Khaled, R., & Nacke, L. (2011). From Game Design Elements to Gamefulness: Defining "gamification". In Proceedings of the 15th International Academic MindTrek Conference: Envisioning Future Media Environments (pp. 9-15). ACM.

Dewey, J. (1916). Democracia y educación. Macmillan.

Dewey, J. (1938). Experience and Education. Macmillan.

Eisner, E. W. (1985). The Educational Imagination: On the Design and Evaluation of School Programs. New York: Macmillan.

Eisner, E. W. (2002). The Arts and the Creation of Mind. Yale University Press.

Epstein, J. L. (2001). School, Family, and Community Partnerships: Preparing Educators and Improving Schools. Westview Press.

Fosnot, C. T. (Ed.). (2005). Constructivism: Theory, Perspectives, and Practice. Teachers College Press.

Freire, P. (1970). Pedagogy of the Oppressed. Continuum.

Fullan, M. (2001). The New Meaning of Educational Change. Teachers College Press.

Fullan, M. (2013). Great to Excellent: Launching the Next Stage of Ontario's Education Agenda. Ontario Ministry of Education.

Gardner, H. (1983). Frames of Mind: The Theory of Multiple Intelligences. Basic Books.

Gardner, H. (1991). Frames of Mind: The Theory of Multiple Intelligences. Basic Books.

Gimeno Sacristán, J. (2001). El currículum: Una reflexión sobre la práctica. Morata.

Gimeno Sacristán, J. (2004). Currículo y Contexto. Morata.

Gimeno Sacristán, J. (2006). El Curriculum: Una Reflexión sobre la práctica. Morata.

Goleman, D. (1995). Emotional Intelligence: Why It Can Matter More Than IQ. Bantam Books.

Gómez, M. (2008). Coeducación y prácticas educativas: De la teoría a la práctica. Octaedro.

Gutmann, A. (1999). Democratic Education. Princeton University Press.

Harris, I. M., & Morrison, M. L. (2013). Peace Education. McFarland.

Hirsch, E. D. (1987). Cultural Literacy: What Every American Needs to Know. Houghton Mifflin.

Hutchins, R. M. (1953). The Conflict in Education in a Democratic Society. Harper & Brothers.

Jackson, P. W. (1968). Life in Classrooms. Holt, Rinehart and Winston.

Johnson, D. W., & Johnson, R. T. (1994). Cooperation: The Foundation of Effective Learning. Edina, MN: Interaction Book Company.

Johnson, D. W., & Johnson, R. T. (1996). Conflict resolution and peer mediation programs in elementary and secondary schools: A review of the research. Review of Educational Research, 66(4), 459-506.

Johnson, D. W., & Johnson, R. T. (1999). Learning Together and Alone: Cooperative, Competitive, and Individualistic Learning. Allyn & Bacon.

Johnson, D. W., Johnson, R. T., & Smith, K. A. (2016). Active Learning: Cooperation in the College Classroom. University of Minnesota.

Kapp, K. M. (2012). The Gamification of Learning and Instruction. Pfeiffer.

Kemmis, S., & McTaggart, R. (1988). The Action Research Planner. Deakin University Press.

Kolb, D. A. (1984). Experiential Learning: Experience as the Source of Learning and Development. Prentice-Hall.

Kukulska-Hulme, A. (2012). Language Learning and Mobile Technologies. In The Cambridge Handbook of Language Learning (pp. 298-319). Cambridge University Press.

Marzano, R. J. (2003). Classroom Management That Works: Research-Based Strategies for Every Teacher. ASCD.

Mayer, R. E. (2004). Should there be a three-strikes rule against pure discovery learning?. American Psychologist, 59(1), 14-19.

Montessori, M. (1912). The Montessori Method. Frederick A. Stokes Company.

OECD. (2005). The Definition and Selection of Key Competencies: Executive Summary.

Papert, S. (1980). Mindstorms: Children, Computers, and Powerful Ideas. Basic Books.

Perkins, D. N. (1992). Smart Schools: From Training Memories to Educating Minds. Free Press.

Pestalozzi, J. H. (1801). Wie Gertrud ihre Kinder lehrt (Cómo enseña Gertrudis a sus hijos).

Piaget, J. (1952). The Origins of Intelligence in Children. International Universities Press.

Piaget, J. (1972). The Principles of Genetic Epistemology. Routledge.

Plato. (380 B.C.E.). The Republic.

Prensky, M. (2001). Digital Natives, Digital Immigrants. On the Horizon, 9(5), 1-6.

Pino Juste, M. (2008). Educación para el desarrollo sostenible: compromiso y acción. Octaedro.

Rogers, C. R. (1969). Freedom to Learn: A View of What Education Might Become. Charles Merrill.

Rousseau, J. J. (1762). Émile ou De l'éducation.

Sacristán, J. G. (2001). El currículum: una reflexión sobre la práctica. Morata.

Santos Guerra, M. Á. (2003). La escuela que aprende: Una nueva gestión del conocimiento para el cambio y la innovación. Morata.

Schenke, P. (1988). The Hidden Curriculum. University of Illinois Press.

Schön, D. A. (1983). The Reflective Practitioner: How Professionals Think in Action. Basic Books.

Scriven, M. (1967). The Methodology of Evaluation. In R. W. Tyler, R. M. Gagne, & M. Scriven (Eds.), Perspectives of Curriculum Evaluation (pp. 39-83). Rand McNally.

Sen, A. (1999). Development as Freedom. Oxford University Press.

Skinner, B. F. (1953). Science and Human Behavior. Free Press.

Sternberg, R. J. (1996). Successful Intelligence: How Practical and Creative Intelligence Determine Success in Life. Simon & Schuster.

Stiggins, R. J. (2002). Assessment Crisis: The Absence of Assessment FOR Learning. Phi Delta Kappan, 83(10), 758-765.

Vygotsky, L. S. (1978). Mind in Society: The Development of Higher Psychological Processes. Harvard University Press.

Wenger, E. (1998). Communities of Practice: Learning, Meaning, and Identity. Cambridge University Press.

Wiliam, D. (2011). Embedded Formative Assessment. Solution Tree Press.

Wygotsky, L. S. (1978). Mind in Society: The Development of Higher Psychological Processes. Harvard University Press.

Johnson, D. W., & Johnson, R. T. (1999). Learning Together and Alone: Cooperative, Competitive, and Individualistic Learning. Allyn & Bacon.

Slavin, R. E. (2011). Cooperative Learning: Theory, Research, and Practice. Allyn & Bacon.

Orientanet. (2024). ¿Cómo es la organización de un aula? Orientanet1.

Universidad de Murcia. (2024). Organización de espacios y tiemposUniversidad de Murcia.

Educativos para. (2024). Organización espacial del aula Educativos.

Zaitegi, N. (2024). Educación para la convivencia y resolución de conflictosCATEDU1.

Gómez Ortega, S. (2024). La ética en la resolución de conflictos: Comportamientos clavePsicología Plasencia.

Kolb, D. A. (1984). Experiential Learning: Experience as the Source of Learning and Development. Prentice Hall.

Dewey, J. (1938). Experience and Education. Kappa Delta Pi.

Schön, D. A. (1983). The Reflective Practitioner: How Professionals Think in Action. Basic Books.

Banks, J. A. (2006). Cultural Diversity and Education: Foundations, Curriculum, and Teaching. Pearson.

Dewey, J. (1938). Experience and Education. Kappa Delta Pi.

Fielding, M. (2004). Transformative Approaches to Student Voice: Theoretical Underpinnings, Recalcitrant Realities. British Educational Research Journal, 30(2), 295-311.

Freire, P. (1970). Pedagogy of the Oppressed. Continuum.

Gay, G. (2000). Culturally Responsive Teaching: Theory, Research, and Practice. Teachers College Press.

Pianta, R. C. (1999). Enhancing Relationships Between Children and Teachers. American Psychological Association.

Black, P., & Wiliam, D. (1998). Assessment and classroom learning. Assessment in Education: Principles, Policy & Practice, 5(1), 7-74.

Finn, J. D. (1989). Withdrawing from school. Review of Educational Research, 59(2), 117-142.

Gagné, R. M. (1985). The conditions of learning (4th ed.). New York: Holt, Rinehart & Winston.

Hattie, J., & Timperley, H. (2007). The power of feedback. Review of Educational Research, 77(1), 81-112.

Jacobi, M. (1991). Mentoring and undergraduate academic success: A literature review. Review of Educational Research, 61(4), 505-532.

Paulson, F. L., Paulson, P. R., & Meyer, C. A. (1991). What makes a portfolio a portfolio? Educational Leadership, 48(5), 60-63.

Tomlinson, C. A. (2001). How to differentiate instruction in mixed-ability classrooms (2nd ed.). Alexandria, VA: ASCD.

Topping, K. J. (1996). The effectiveness of peer tutoring in further and higher education: A typology and review of the literature. Higher Education, 32(3), 321-345.

Zimmerman, B. J. (2002). Becoming a self-regulated learner: An overview. Theory into Practice, 41(2), 64-70.